MANUEL DE LECTURE

A L'USAGE DE

L'ENFANCE ET DE L'ADOLESCENCE.

CONTENANT

Les devoirs envers Dieu, envers les parents et la société,

SUIVI

D'HISTORIETTES MORALES, INSTRUCTIVES, INDUSTRIELLES ET DE CONNAISSANCES UTILES

POUR LES DEUX SEXES

à l'usage des écoles primaires,

Par S. R. U. D,

MEMBRES DE L'UNIVERSITÉ

approuvé et recommandé par Mgr l'Évêque d'Autun et M. V. L. directeur d'école normale.

PARIS

L. HACHETTE ET Cie

libraires-éditeurs.

AUTUN

DEFOSSE-MUTEL

libraire-éditeur.

NOUVEAU

MANUEL DE LECTURE.

APPROBATIONS

Nous avons fait examiner l'ouvrage ayant pour titre Nouveau Manuel de lecture a l'usage des écoles primaires. Cet ouvrage ne renferme rien qui soit contraire à la doctrine catholique. Sous une forme variée et dans un style d'une simplicité élégante, l'auteur donne à l'enfance et à l'adolescence des leçons aussi agréables qu'utiles. Nous approuvons donc ce Nouveau Manuel et nous le recommandons à toutes les personnes qui s'occupent de l'éducation de la jeunesse.

Fait à Autun, le 15 avril 1862.

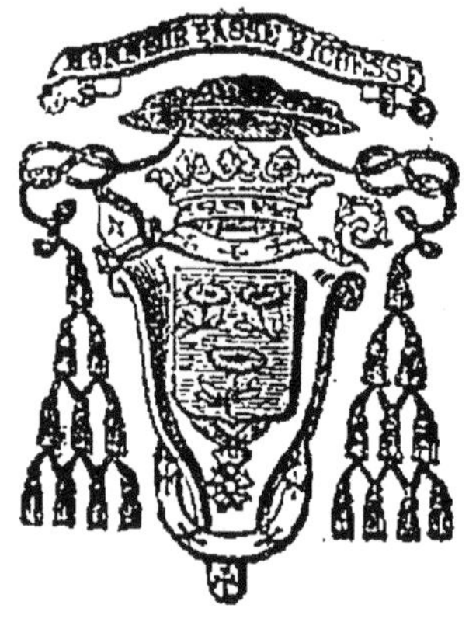

† FRÉDÉRIC, évêque d'Autun, Chalon et Mâcon.

J'ai lu avec intérêt le nouveau *Manuel de Lecture* que vous m'avez communiqué. Il renferme des conseils dictés par la plus pure morale et la meilleure éducation : je ne puis donc que vous approuver de l'idée que vous avez eue d'éditer ce bon petit livre destiné aux enfants des écoles primaires, et le recommander aux maisons d'éducation.

Autun, le 31 mars 1862.

P.-A. Brillaud,

Inspecteur primaire de l'arrondissement d'Autun, officier d'académie, membre de la société Nivernaise des sciences, lettres et arts.

NOUVEAU MANUEL DE LECTURE

A L'USAGE

DES ÉCOLES PRIMAIRES

Par S. R. U. D.,

MEMBRES DE L'UNIVERSITÉ,

Ouvrage approuvé par Monseigneur l'Evêque d'Autun, par M. V. L., directeur d'école Normale et M. B., inspecteur primaire, Officier d'Académie.

6e ÉDITION, CORRIGÉE AVEC SOIN.

PARIS,
L. HACHETTE ET Cie
Boulevard St-Germain.

AUTUN,
DEFOSSE-MUTEL,
Libraire-éditeur.

186

Autun, imprimerie de Louis Duployer.

NOUVEAU MANUEL
DE LECTURE

Ire LECTURE

DEVOIRS ENVERS DIEU.

Dieu, mes bons enfants, c'est l'auteur, le créateur, de tout ce qui est sur la terre.

Dieu est éternel : il a toujours existé et il existera toujours ; c'est par lui que tout le monde existe ; il a tout fait, il a tout créé d'un seul mot.

Sa bonté, mes bons

enfants, est infinie, il aime jusqu'aux plus petites créatures, et il en prend le plus grand soin.

IIe LECTURE.

DE LA PRIÈRE.

Chaque enfant doit adresser à Dieu ses prières. Le matin, lorsqu'il se lève, il doit implorer sa divine protection pour tous les instants de sa vie.

Le soir dans une autre prière, il faut qu'il le remercie des bienfaits dont il a été comblé pendant la journée, et qu'il le prie d'écarter de lui les dangers qui peuvent survenir pendant son sommeil.

Ecoutez bien, mes enfants: celui qui aime Dieu, qui le prie avec ferveur, sera toujours bon, aimable, doux, et méritera l'estime de tout le monde.

IIIe LECTURE.

HISTOIRE.

Un jour, les Apôtres voulant écarter des enfants qui s'approchaient de Jésus-Christ : Laissez, leur dit ce divin Maître, laissez venir ces enfants auprès de moi ; car c'est à eux et à ceux qui leur ressemblent, qu'appartient le royaume des cieux.

IVe LECTURE.

DEVOIRS ENVERS LES PARENTS.

Après Dieu, les personnes que nous devons le plus aimer sont notre père et notre mère. En effet, que de soins n'ont-ils pas eus pour nous depuis notre naissance ?

Que de peines ne se

donnent-ils pas pour soigner notre faible et longue enfance? Voyez cette tendre mère passer les jours et les nuits auprès du jeune enfant qu'elle veille: pour elle, jamais de repos.

Pendant le jour, son occupation est de calmer les cris et d'apaiser les douleurs de son cher enfant.

Vous aimerez bien vos parents et vous leur prouverez votre amour par votre obéissance ; votre assiduité au travail, par les efforts que vous ferez pour acquérir de l'instruction.

Ve LECTURE.

HISTOIRE DU PETIT CHARLES.

Admirez ce gentil petit enfant qui cueille des fleurs au bord du chemin; si vous avez des bonbons dans votre poche, vous pouvez lui en donner, car il mérite bien qu'on l'aime et qu'on l'embrasse.

Il est bien sage le petit Charles, il a très bien lu sa leçon.

Quand il entre chez quelqu'un, il ôte toujours

sa casquette et salue modestement.

Tous les matins il embrasse son papa et sa maman et va vite à l'école; il est poli avec tout le monde.

VIe LECTURE.

DEVOIRS ENVERS LA SOCIÉTÉ.

Les devoirs généraux que vous avez à remplir envers la société sont : la politesse envers tous, quels qu'ils soient; de la bienveillance, de la douceur dans les paroles; le respect envers les vieillards, les infirmes, les malheureux ; le respect également aux Prêtres et envers les personnes placées au-dessus de vous par le rang qu'elles occupent dans la société; ayez des manières aimables et polies, on se plaira au milieu de vous, et chacun vous chérira.

Suivez bien aussi le divin précepte : aime ton prochain comme toi-même ; ne fais jamais aux autres ce que tu ne voudrais pas qu'on te fît à toi-même.

VIIe LECTURE.

HISTOIRE D'UN BOUQUET.

Dites-moi, mon petit ami, aimez-vous les gâteaux? — Oh ! oui, Monsieur, j'aime bien les gâteaux. — Eh bien ! donnez-moi ce beau bouquet que vous tenez-là, et vous aurez un gâteau. — Je ne peux pas, Monsieur. — Non ; je vous en offre deux ; vous ne voulez pas encore ? je vous en donne trois, quatre, six. Comment ! cela ne suffit pas ? Eh! quel prix mettez-vous donc à ce bouquet? — Monsieur, je l'ai fait pour maman, et je ne le donnerais pas pour tous les gâteaux du monde. — Très bien, mon enfant; embrassons-nous, vous êtes un brave garçon. Venez chez le pâtissier, je veux que vous emportiez une douzaine de petits gâteaux, et que vous gardiez votre bouquet pour votre maman.

VIIIe LECTURE.

CONSEILS AU JEUNE AGE.

Tous les devoirs d'un

enfant peuvent être résumés dans les préceptes suivants : allez directement de la maison à l'école sans vous arrêter en chemin, sans crier ni offenser personne.

Quand vous passez devant quelque Croix ou quelque image de Notre Seigneur, de la très sainte Vierge ou des Saints, faites une respectueuse inclination.

Ne fréquentez point les enfants vicieux et méchants, car ils vous perdraient infailliblement.

IXᵉ LECTURE.

CONSEILS, POLITESSE ET DEVOIRS.

Le matin, mes enfants, faites le signe de la croix, mettez-vous à genoux et faites dévotement votre prière.

Allez aussitôt après, souhaiter le bonjour à votre père et à votre mère.

Le soir, faites également votre prière, car ce serait manquer à un devoir sacré.

Souhaitez le bonsoir à vos parents, couchez-vous modestement et dormez en paix.

Quand vous voulez manger, lavez-vous les mains et dites le *Benedicite*.

Ne vous asseyez point à une table, si l'on ne vous invite. Mangez et buvez doucement, sans avidité et sans excès.

Quand vous parlez à des personnes de considération, répondez toujours : oui Monsieur, oui Madame.

Xe LECTURE.

AVIS UTILES.

Ne sortez jamais de votre maison sans demander la permission à vos parents.

Soyez toujours prêt à aller à l'école, et apprenez soigneusement les choses que vos maîtres vous enseignent.

Gardez-vous bien de mentir en quelque manière que ce soit ; car les menteurs ne sont pas les enfants du Seigneur.

Quand vous entendrez sonner l'*Angelus*, récitez-le.

XIe LECTURE.

LE PARESSEUX.

Un jeune enfant, nommé Alphonse, était très paresseux ; ses parents essayèrent tous les moyens pour le corriger : rien ne réussit.

Enfin, comme dernière ressource, son père résolut de le mettre en pension à Paris. Dans cette même pension était son cousin qui s'appelait Emile : c'était tout le contraire d'Alphonse ; il s'appliquait avec ardeur à l'étude et faisait la joie de ses parents.

A l'arrivée d'Alphonse la famille d'Emile donna une fête à ses petits amis. Le soir, étant fatigués d'avoir couru, ils décidèrent d'une voix unanime qu'on ferait la lecture. On donna la préférence à Alphonse. Il rougit, il pleure, et répond au milieu de ses sanglots : je ne sais pas lire. Son petit cousin a pitié de lui : jouons au loto, dit-il : alors on distribue les cartons, et on tire au sort pour savoir lequel appellera les numéros.

O malheur ! c'est Alphonse qui est désigné ; on lui passe le sac : nouvel embarras ; il est encore obligé de dire qu'il ne sait pas compter.

Emile, emporté par son bon cœur, emmène son cousin loin de ses camarades ; il lui prodigue mille caresses, l'embrasse, et lui dit : mon Alphonse, ceci est une leçon pour toi ; tâche d'en profiter.

Alphonse plein de confusion, et touché des bontés d'Emile, promet de mieux faire.

Il tint parole ; on le vit dès ce jour se mettre au travail avec tant d'ardeur, qu'au bout de quelques mois, il sut lire, écrire et compter.

XIIe LECTURE.

DU COURAGE.

Mes chers enfants, les premières difficultés des longs travaux que nécessite votre instruction sont vaincues; vous savez lire, et c'est déjà posséder un grand art que celui de la lecture, car il est la clef de toutes les connaissances.

Sans la lecture, vous ne pouvez rien apprendre : par elle, toutes les sources de la science vous sont ouvertes, et vous pourrez tout connaître.

Appliquez-vous donc avec ardeur à la lecture, et faites aussi bien vos devoirs.

Demandez à Dieu qu'il vous donne du courage; qu'il vous fasse aimer le travail et vous serez heureux toute votre vie.

XIIIe LECTURE.

DU TRAVAIL.

Tout le monde travaille ici bas, depuis les plus petits insectes jusqu'aux plus grands animaux.

La fourmi travaille: elle ramasse quantité de petits débris pour la nourrir l'hiver.

L'abeille travaille pour faire sa provision de miel.

L'oiseau aussi travaille, il lui faut du grain pour le nourrir, de l'herbe et de la paille pour faire son nid.

La taupe, que vous connaissez tous, creuse des souterrains et se fait des galeries pour habiter sous la terre.

Le cheval et le bœuf travaillent beaucoup, ils partagent les fatigues de l'homme.

Le travail est la loi de tous : il faut que l'homme travaille pour bâtir sa maison et pour nourrir sa famille.

XIVe LECTURE.

LE NID, CONTE.

Mon frère, dit la petite Céline à Jacques : vois-tu ce nid tout en haut du grand cerisier ? Je voudrais bien l'avoir.

Je crois que c'est un nid de chardonnerets, et j'aime tant ces jolis petits oiseaux-là.

Jaques ne savait rien refuser à sa petite sœur, il grimpa sur l'arbre, et au bout de quelques moments, Céline eut le nid entre les mains.

Qu'ils sont charmants ces quatre petits; ils ont déjà des plumes jaunes.

Mais Jacques ne répondit pas, il dit à Céline : je crois que j'ai mal fait; c'est bien méchant de ma part d'avoir enlevé ces petits à leur mère, j'ai bien envie de les lui rendre, et aussitôt il remonta sur l'arbre et remit le nid à sa place.

XVe LECTURE.

HISTOIRE.

Le fils du comte D... était élevé dans un pensionnat d'Orléans ; c'était pendant la révolution française ; cet enfant n'avait que six ans, lorsqu'il apprit l'arrestation de son père à Paris.

Pendant une nuit cet enfant parvint à franchir les murs du jardin de la maison et se trouva sur la grande route.

Une fois là cet enfant n'avait d'autre guide que l'instinct de la piété filiale ; il arriva à Paris après avoir fait trente lieues en deux jours et demi.

Qu'elle fut la surprise du comte quand il vit introduire dans sa prison son enfant, dont les larmes et les prières avaient ému la cruauté des geôliers ! L'un d'eux s'intéressa si vivement au sort de l'enfant et de son père, que celui-ci échappa à la mort et fut mis en liberté.

XVIe LECTURE.

CRIS DES ANIMAUX.

L'Agneau bêle. L'Ane brait.
L'Aigle trompette. Le Bœuf mugit.

Le Chat miaule. Le Cheval hennit.
Le Chien aboie. Le Cochon grogne.
Le Coq chante. Le Cygne siffle.
Le Corbeau croasse. La Cigogne craquette.
Le Dindon glougloute. Le Hibou hue.
La Grenouille coasse. Le Loup hurle.
L'Hirondelle gazouille. Le Lion rugit.
Le Moineau pépie. Le Merle siffle.
La Mouche bourdonne. La Pie babille.
La poule glousse. La Souris crie.
Le Perroquet parle. Le Pigeon roucoule.
Le Renard glapit. Le Rossignol ramage.
Le Serpent siffle. Le Sanglier grommelle.
Le Taureau beugle. La Tourterelle gémit.

XVIIe LECTURE.

L'HEUREUSE CONVERSION.

Un écolier possédait à un haut degré toutes les vertus qu'on peut souhaiter dans un jeune homme ; mais, par un malheur trop ordinaire à une personne de son âge, il tomba dans la compagnie d'un scélérat, qui alluma dans ce jeune cœur le feu criminel dont le sien était dévoré. Ses amis désolés le conjurèrent de rentrer dans la bonne voie qu'il avait quittée.

Longtemps tout fut inutile ; mais enfin, aidé par la grâce de Dieu, il se repentit de ses fautes et alla les expier dans un monastère, où il termina sa vie dans les sentiments de la plus grande piété.

XVIIIe LECTURE.

MODÈLE DES JEUNES FILLES.

J'ai vu, il y a quelques années, dans un village de la Bretagne une petite fille nommée Désirée. Désirée est d'une sagesse exemplaire, d'une vertu rare ; elle est toujours d'une humeur égale. A la fois gaie et sensible, elle rit sans éclat, et sa sensibilité est plutôt émue par ce qui concerne les autres que par ce qui la concerne elle-même.

Elle joint à un esprit vif une raison qu'on trouve peu dans les personnes de son âge.

La moindre image de la misère l'attriste, le moindre signe de bonheur lui cause de la joie.

Lorsqu'elle est forcée à des refus, elle les accompagne de mots qui ont un tel pouvoir, qu'on croit avoir été obligé par elle, et lui devoir de la reconnaissance.

Son amitié donne une sorte d'orgueil à ceux qui l'obtiennent; mais elle a grand soin de n'offenser personne par des préférences trop marquées.

XIXe LECTURE.

HISTORIETTE.

Un saltimbanque ambulant, qui se proposait de donner quelques représentations dans une grosse bourgade où il venait d'arriver, s'informa dans son auberge, s'il ne trouverait pas un petit garçon qui pût cumuler les fonctions de *moucheur* et de *souffleur*. On lui indiqua Jeannot, le fils du sacristain, qui, d'un air gauche et timide, demanda ce qu'il aurait à faire.

Rien que de bien facile, l'ami, lui répondit le chef de la troupe errante : ton emploi se bornera à *moucher* et *à souffler*. Tu commenceras ce soir et tu seras au fait tout de suite.

L'heure du spectacle arrivée, et la foule des curieux remplissant la salle, jugez un peu de la surprise des spectateurs, lorsqu'au lever du rideau, ils aperçurent Jeannot qui, pensant que le moment d'agir était venu, prit son mouchoir, et d'un grand sérieux, se mit à *moucher* l'acteur qui entrait en scène, puis à *souffler* les cinq ou six chandelles qui illuminaient la salle.

C'est ainsi que Jeannot avait compris ses fonctions de *moucheur* et de *souffleur*.

XXe LECTURE.

DIVISION DU TEMPS.

Il y a sept jours dans une semaine qui sont : dimanche, lundi, mardi, mercredi, jeudi, vendredi et samedi. Il y a quatre semaines dans un mois ; les mois se composent de trente et un et de trente jours ; le mois de février seul n'en a que vingt-huit. Il y a douze mois dans une année qui sont : janvier, février, mars, avril, mai, juin, juillet, août, septembre, octobre, novembre et décembre.

Les mois de trente et un jours sont : janvier, mars, mai, juillet, août, octobre et décembre ; ceux de trente jours sont : avril, juin, septembre, novembre.

Il y a quatre saisons dans une année : Le Printemps, l'Été, l'Automne et l'Hiver. Le Printemps commence le vingt-un mars, l'Été le vingt-un juin, l'Automne le vingt-un septembre et l'Hiver le vingt-un décembre.

Une année se compose de trois cent-soixante-cinq jours: il faut cent années pour faire un siècle. Il y a vingt-quatre heures dans un jour et soixante minutes dans une heure.

Maintenant, mes enfants, je vais vous apprendre à connaître les heures : quand vous regardez une pendule ou une montre , il faut, pour qu'il soit une heure juste que la grande aiguille soit sur midi, et la petite sur une heure quelconque. Ainsi, par exemple, quand la grande aiguille est sur midi, et là petite sur le chiffre un, il est une heure; de même pour les autres heures.

XXIe LECTURE.

L'AVARICE ET LA CRUAUTÉ PUNIES.

Un homme avait un cheval qui lui était très utile pour porter du blé, et d'autres marchandises à la ville. Comme son petit commerce allait bien, il était heureux.

Un soir, en revenant de la foire, où il avait gagné une bonne somme, il se dit : je serais bien content si toute cette somme était pour moi; mais il faut que là-dessus, je nourrisse mon cheval. L'avoine coûte cher, il pourrait bien se contenter de foin.

Au lieu de repousser cette pensée d'avarice, il l'écouta ; et, à partir du lendemain, il ne donna plus à son cheval que du foin. La pauvre bête perdit beaucoup de sa force ; elle pouvait à peine traîner la lourde voiture ; son maître, en colère, l'accablait de coups ; enfin, un jour, il la trouva morte dans son écurie.

Ne pouvant plus transporter ses marchandises à la ville ; ses pratiques l'abandonnèrent, et il tomba dans la plus grande misère.

Ce fut ainsi que Dieu punit son avarice et sa cruauté.

XXIIe LECTURE.

ANIMAUX QUI VIVENT SUR TERRE.

Le cheval, le bœuf, le porc, le mouton, l'autruche, l'aigle, l'âne, le chameau, le chien, la cigale, le chat, la poule, le lion, le loup, le renard, le taureau, le vautour, l'éléphant, le serpent, le hérisson, etc.

CEUX QUI VIVENT DANS L'EAU.

L'anguille, le brochet, la baleine, la

carpe, le hareng, la morue, la tanche, le lamproie, le requin, le saumon, le merland, le turbot, etc.

CEUX QUI VIVENT SUR TERRE ET DANS L'EAU.

L'oie, l'hippopotame, le crocodille, le phoque, le plongeon, le canard, le cigne, la couleuvre, etc.

XXIIIe LECTURE.

LA PETITE CAPRICIEUSE.

Une petite fille, élevée à Paris, et que l'on nommait Adèle, avait une humeur si singulière qu'elle était toujours fâchée : rien ne lui plaisait, et tout ce qu'on faisait pour lui être agréable ne servait qu'à la rendre encore plus difficile.

Vouloir peindre le mauvais caractère de cette petite fille est une chose impossible. Voulait-on lui mettre une robe, elle en désirait une autre : elle trouvait toujours quelques défauts à sa toilette, et mille autres fantaisies semblables ; on fuyait sa société, et toutes ses petites amies l'abandonnèrent, fatiguées de ses murmures et de sa malhonnêteté. Ayant même osé plusieurs fois leur dire de s'en aller, elles s'étaient offensées de ce mauvais procédé, cela était bien naturel.

La maman d'Adèle, obligée de faire un voyage, la confia à une dame de ses amies ; cette dame, qui avait sept enfants, était d'une grande sévérité ; elle fit si bien qu'Adèle n'eut plus le temps de gronder ; si parfois cela lui arrivait, tous les enfants se moquaient d'elle, et l'appelaient madame Grognon.

Sa maman, à son retour, fut satisfaite du changement qui s'était opéré dans le caractère de sa fille.

XXIVe LECTURE.

HISTOIRE D'UN ENFANT PIEUX.

Un enfant élevé avec beaucoup de

soin par des maîtres vertueux donna, il y a quelques années, une preuve bien touchante de sa foi. Il rentrait peut-être un peu tard après la classe, et son père en colère l'en reprit vivement en jurant le saint nom de Dieu.

Ce pauvre enfant, tout déconcerté d'avoir donné lieu à ces blasphèmes, se jette à genoux et lui dit en pleurant :

« Mon papa, je vous en prie, frappez-moi, mais ne jurez pas. » Le père, interdit, voyant l'horreur que témoignait cet intéressant enfant de ses abominables propos, profita de la leçon, et n'osa plus blasphémer. Ah ! que de fautes, s'ils le voulaient, des enfants chrétiens feraient éviter à leurs parents !

XXVe LECTURE.

HISTOIRE PORTUGAISE.

En 1595, des troupes portugaises qui passaient dans les Indes, firent naufrage.

Une partie aborda dans le pays des Cafres, et l'autre se mit à la mer sur une barque construite des débris du vaisseau.

Le pilote, s'apercevant que le bâtiment était trop chargé, avertit le chef, Edouard de Mello, que l'on va couler à fond, si l'on ne jette dans l'eau une douzaine de victimes. Le sort tomba entre autres sur un soldat dont l'histoire n'a pas conservé le nom.

Son jeune frère se jette aux genoux de Mello, et demande avec instance de prendre la place de son aîné. « Mon frère, dit-il, est plus capable que moi, il nourrit mon père, ma mère et mes sœurs : s'ils le perdent, ils mourront tous de misère ; conservez leur vie en conservant la sienne, et faites-moi périr, moi qui ne puis leur être d'aucun secours. » Mello y consent, et le fait jeter à la mer.

Le jeune homme suit la barque pendant six heures, enfin il la rejoint : on le menace de le tuer s'il tente de s'y introduire ; l'amour de la conservation triomphe de la menace ; il s'approche, on veut le frapper avec une épée qu'il saisit et qu'il retient jusqu'à ce qu'il soit entré ; sa constance touche tout le monde ; on lui permet enfin de rester avec les autres, et il parvient ainsi à sauver sa vie et celle de son frère.

XXVIe LECTURE.

LE MAUVAIS FILS DEVENU BON.

Un père avait un malheureux fils qui l'injuriait et l'outrageait souvent. Ce père avait eu aussi le malheur de manquer lui-même au respect qu'il aurait dû avoir pour son père ; mais il gémissait tous les jours sur ce péché, et, toutes les fois qu'il recevait de son fils quelque outrage, il offrait à Dieu la peine qu'il en ressentait, le suppliant de lui accorder le pardon de l'injure qu'il avait faite à son père.

Un jour que son indigne fils l'avait jeté à terre et le foulait aux pieds, il s'écria : Vous vous vengez, mon père, vous vous vengez ; je le mérite bien, Seigneur, faites-moi miséricorde. »

XXVIIe LECTURE.

L'ARBRE DU DIABLE.

Un voyageur qui visitait l'Amérique, il y a bientôt un siècle, se promenait un jour au milieu de la campagne et admirait la beauté si remarquable de cette magnifique végétation qui étale un luxe si merveilleux au fond des vallées du Nouveau-Monde, lorsque, s'approchant d'un arbre sur lequel il se disposait à grimper, parcequ'il y voyait des fruits d'une forme singulière, il entend tout à coup, et autour de lui, un pétillement éclatant et redoublé, semblable au bruit occasionné par la décharge d'une petite artillerie, et se sent subitement atteint par une multitude de grains noirs lancés sur lui de tous côtés.

Il ne sait, dans le premier moment, ce que cela veut dire et se retire précipitamment. Ne pouvant se soustraire entièrement à un sentiment de frayeur, il s'imagine tout d'abord que cet arbre est doué du pouvoir miraculeux de défendre ainsi ses fruits contre les attaques des passants. Mais bientôt il s'approche et s'aperçoit que la cause de tout ce bruit, qui se fait encore entendre par intervalles, autour de lui, est due à ces mêmes fruits dont la forme avait attiré son attention, et qui, parvenus à leur maturité, desséchés par l'ardeur du soleil, se gercent, se fendent avec éclat, et lancent au loin leurs graines, comme de petites bombes.

C'est à ce jeu de la nature, que cet arbre doit son nom. Il est d'ailleurs assez commun en Amérique.

XXVIIIe LECTURE.

LE FRUIT DE DOUCE-AMÈRE.

Un jeune enfant âgé de 7 ans, mangea dernièrement dans la campagne des fruits appelés douce-amère, qu'on trouve dans les haies. Ce sont des baies rouges disposées en grappes dont la forme et la couleur sont séduisantes. Une heure après sa rentrée chez lui, il se sentit malade. Un médecin fut mandé, mais ses soins furent inutiles, et le malheureux enfant succomba après quelques heures d'horribles souffrances : on ne saurait trop prévenir les enfants contre la fatale tentation de goûter à ces fruits.

INSTINCT DU CHIEN.

Un journal rapporte le fait suivant dont il garantit l'authenticité :

On connaissait au chien des qualités nombreuses, on n'avait pas encore remarqué chez lui l'intelligence de signaler les incendies.

Dernièrement dans un village de la Drôme une famille dormait d'un profond sommeil, lorsque son chien se mit à hurler de manière à réveiller une ville; malgré cela personne ne bougeait dans la maison incendiée. L'animal s'approche alors du lit de son maître, et parvient à le tirer du sommeil; il était temps, déjà la flamme menaçait la famille qui n'a eu que le temps de se sauver.

XXIXe LECTURE.

HISTOIRE DE M. DELLEGLAIE.

M. Delleglaie était transporté d'un cachot de Lyon à Paris. Sa fille ne l'avait pas quitté. Elle demanda au conducteur d'être admise dans la même voiture; elle ne put l'obtenir. Mais l'amour filial connaît-il des bornes? Quoiqu'elle fût d'une constitution très faible, elle fit le chemin à pied, et suivit, pendant plus de cent lieues, le chariot dans lequel son père était traîné. Elle ne s'en éloignait que pour aller dans chaque ville lui préparer des aliments, et le soir mendier une couverture qui facilitât son sommeil dans les différents cachots qui l'attendaient.

Elle ne cessa pas un moment de l'accompagner et de veiller à tous ses besoins, jusqu'à ce que son père fût arrivé à Paris, et que l'on défendit à sa fille de lui donner des soins. Habituée à fléchir les bourreaux, elle ne désespéra pas de désarmer les persécuteurs, et après trois mois de sollicitations et de prières elle obtint la liberté de l'auteur de ses jours.

XXXe LECTURE.

LES LAPINS.

« Des lapins habitaient une garenne

dans laquelle croissaient en abondance le thym et le serpolet. Tous les jours au lever de l'aurore, ils sortaient de leurs terriers, et ils allaient en bondissant, chercher un déjeuner composé d'herbes parfumées. Dès que leur faim était apaisée, ils jouaient ensemble sur le gazon ; ils sautaient, ils gambadaient, ils couraient l'un après l'autre, et ne songeaient qu'à s'amuser jusqu'à ce que la chaleur leur donnât envie de dormir ou bien que l'exercice réveillât leur appétit.

Cependant un vieux lapin qui avait échappé aux chiens et aux chasseurs cent fois en sa vie, voyait cette jeunesse folâtre, et il branlait la tête sans rien dire. On s'en aperçut et tous les lapins s'assemblèrent autour de lui, pour savoir ce qu'il pensait de leurs jeux. « Mes enfants, leur dit-il, vous êtes jeunes, et vous ne prévoyez pas tous les malheurs qui menacent votre vie : un jour, le chasseur viendra et vous atteindra de loin avec un plomb meurtrier; les furets vous suivront jusque dans le fond de vos retraites ; à quoi serviront alors vos sauts et vos gambades ? Apprenez de bonne heure à distinguer les pas de l'homme, notre ennemi, à connaitre le fusil dont ses mains sont armées, à vous garder des espèces de chiens qui nous haïssent : voilà les connaissances qui vous seront utiles, et que l'amour du jeu ne devrait pas vous faire négliger. »

Tous les jeunes lapins se moquèrent du vieux raisonneur, ils le laissérent là et se remirent à jouer sans s'embarrasser de l'avenir. Mais un jour, le chasseur arriva avec le fusil et les chiens : tous les lapins furent pris les uns après les autres.

Enfants, comme le vieux lapin, je vous dirai :

« Pendant votre jeunesse, soyez studieux, habituez-vous au travail, car si vous ne pensiez qu'au jeu, vous ne seriez, un jour, que des oisifs et des ignorants, et vous ne tarderiez pas à tomber dans les mille pièges de la misère et du vice.

XXXIe LECTURE.

LE CORBEAU.

Lorsque César-Auguste monta sur le trône de Rome, plusieurs individus apprirent à des corbeaux à prononcer ces paroles: *Salut, ô César-Auguste, empereur.* Cette singularité attira l'attention d'Auguste, qui acheta plusieurs de ces oiseaux et les paya un prix élevé.

Il y avait entre autres un pauvre savetier qui, sans avoir encore pu réussir, faisait tous ses efforts pour enseigner les mêmes paroles à son corbeau, et chaque fois que, las de les lui avoir vainement répétées, il se retirait plein de découragement, il disait à haute voix : *J'ai perdu ma fatigue et ma dépense.*

Un jour, le pauvre homme fut agréablement surpris d'entendre son corbeau dire enfin, au moment où passait l'empereur : *Salut, ô César-Auguste, empereur !* Mais le monarque répondit aussitôt, d'un air ennuyé : « Eh ! je n'ai que faire d'écouter tous ces oiseaux bavards. » A l'instant même, le corbeau ajouta ces paroles qu'il avait si souvent entendu prononcer à son maître : « *J'ai perdu ma fatigue et ma dépense.*

Auguste charmé de l'a propos, qui, du reste, n'était dû qu'au hasard, acheta l'oiseau et le paya au pauvre savetier qui l'avait élevé beaucoup plus cher que les autres.

XXXIIe LECTURE.

L'ÉCUREUIL.

L'écureuil est un petit animal qui n'est

qu'à demi-sauvage, et qui, par sa gentillesse, sa docilité et l'innocence de ses mœurs mériterait d'être épargné; il n'est ni carnassier, ni nuisible, quoiqu'il saisisse quelquefois des oiseaux : sa nourriture se compose de fruits, d'amandes, de noisettes et de glands. Il est propre, vif, alerte et très éveillé; il a les yeux pleins de feu, la physionomie fine, le corps nerveux. Sa figure est rehaussée et parée par une belle queue, en forme de panache, qu'il relève jusque dessus sa tête, et sous laquelle il se met à l'ombre.

XXXIIIe LECTURE.

LE SERPENT, LA COULEUVRE ET LA VIPÈRE.

Il y a deux espèces de serpents : les serpents non venimeux, qui ne peuvent être dangereux qne par leur force, et les serpents venimeux qui rendent presque toujours mortelle la blessure qu'ils font avec leurs dents, et dans laquelle ils introduisent un poison des plus actifs.

La couleuvre est de la première espèce, c'est un reptile très innocent, les cultivateurs lui font à tort une guerre acharnée; quoiqu'elle soit très utile en détruisant une foule de petits animaux tels que : les taupes, les rats, les mulots, etc.

Il n'en est pas de même de la vipère; quoique plus petite, elle est beaucoup plus dangereuse. Il est facile de la distinguer de la couleuvre : sa tête est plate et triangulaire; son ventre est noir; les taches de sa peau forment des losanges, enfin sa queue est très courte.

Lorsqu'on a été mordu par une vipère, il faut serrer fortement le membre au-dessus de la morsure; agrandir la plaie avec un canif, la sucer, ce qui n'est nullement dangereux pour la personne qui le fait, y verser de l'alcali volatil, puis appliquer des compresses d'alcali et de sel de cuisine.

XXXIVe LECTURE.

LE RENARD.

Le renard est plus petit que le loup : il n'a guère que 70 à 80 centimètres de long. Il est très rusé, et il mérite bien sa réputation à cet égard. Son terrier est établi ordinairement dans le voisinage d'une ferme ou sur la lisière d'un bois, et là, caché dans un buisson, il guette, avec une patience vraiment admirable, l'occasion de pénétrer dans la basse-cour. Alors il égorge sans pitié toute la volaille ; et puis il emporte une à une ses victimes, qu'il cache toutes dans un endroit différent pour les manger ensuite.

XXXVe LECTURE.

LE LOUP.

Le loup est un animal des bois qui serait redoutable s'il avait autant de courage que de force; mais il faut qu'il soit pressé par la faim pour qu'il s'expose au danger. Cet animal carnassier vit de chasse et de rapine; comme il est lourd, poltron et non dangereux, la plupart des animaux qu'il poursuit lui échappent.

Quelquefois le besoin lui inspire des ruses; mais lorsqu'elles ne réussissent pas il meurt de faim et souvent enragé. Cet animal se trouve dans les cinq parties du monde.

XXXVIe LECTURE.

LE CHAMEAU.

Cet animal, dont la longueur moyenne est de dix pieds sur six de hauteur, a les cuisses et la queue fort petites, les jambes longues, le pied fourchu comme le bœuf, la tête petite et allongée, les yeux gros et saillants, les oreilles courtes, le front revêtu d'un duvet qui ressemble à de la laine, et le col extrêmement long. Tout son corps est couvert de longs poils roux.

Ses principaux caractères distinctifs sont d'avoir au milieu du dos une bosse charnue assez grosse, et cinq estomacs, tandis que les autres animaux ruminants n'en n'ont que quatre.

On se sert de cet animal dans les déserts, surtout dans celui du Sahara; il est très utile en Egypte pour le service des dépêches.

XXXVIIe LECTURE.

HISTOIRE D'UN BARBIER.

Un homme qui avait le menton mieux garni que la bourse, se présente chez un barbier pour se faire raser, et lui dit en entrant qu'il n'avait point d'argent, mais qu'il implorait son ministère pour l'amour de Dieu. — « Pour l'amour de Dieu ! reprend le barbier; quelle chienne de pratique ! Allons, allons, mettez-vous là, et dépêchons; mais au moins remarquez bien la boutique pour n'y pas revenir au même prix. » Là-dessus il le lave à l'eau froide et sans savon, promène sur ses joues un rasoir ébréché qui arrachait plus qu'il ne coupait la barbe.

Pendant qu'il écorchait ce malheureux, le chat du barbier, qui s'était échaudé en voulant goûter d'une sauce, pousse des miaulements lamentables. — « Qu'est-ce qu'on fait à cet animal ? » s'écrie aussitôt le barbier. — « C'est sans doute, répond le patient, les larmes aux yeux, qu'on lui fait la barbe pour l'amour de Dieu. »

XXXVIIIe LECTURE.

ROBERT, ROI DE FRANCE.

Ce roi, qui fut surnommé le pieux, régnait en France au commencement du

11e siècle. Il fut si bon, si charitable, qu'à sa mort, qui arriva en 1031, toute la France le pleura. On entendait à ses funérailles les soupirs et les sanglots des pauvres, des veuves et des orphelins qui perdaient en lui le meilleur des pères.

Robert était en effet digne des regrets de ses peuples. Sa piété et sa charité ne connaissaient point de bornes; il nourrissait jusqu'à mille indigents par jour, et employait ainsi au soulagement des malheureux, la majeure partie de ses revenus qui ne suffisaient pas toujours à sa charité.

Un jour qu'il revenait de faire sa prière, il trouva sa lance garnie, par la vanité de son épouse, d'ornements d'argent. Après avoir considéré cette lance, il regarde autour de lui pour s'assurer s'il n'y avait pas quelqu'un à qui cet argent pût être utile. Il aperçut un pauvre homme, couvert de haillons, et lui demanda discrètement d'aller chercher un outil qu'il lui nomma. Le pauvre demeurait tout interdit, ne sachant ce que le roi en voulait faire. Allons donc reprit le monarque, cours chercher ce que je te demande, et reviens promptement, je vais t'attendre ici. L'autre partit enfin, et au bout de quelques minutes rapporta l'outil demandé. Le roi et le pauvre s'enferment alors ensemble, enlèvent l'argent de la lance, et Robert le met lui-même, de ses saintes mains, dans le sac du pauvre, en lui recommandant, selon sa coutume, de bien prendre garde que sa femme ne le vit.

Un autre jour, un voleur eut l'audace de s'approcher de Robert, et il lui avait déjà coupé la moitié de la frange de son manteau lorsque le saint roi, se retournant, lui dit : *Va-t'en, va-t'en, contente-toi de ce que tu as pris, un autre aura besoin du reste.* Le voleur se retira plein de confusion et de repentir.

XXXIXe LECTURE.

HISTOIRE D'UNE JEUNE PERSONNE.

Une jeune personne voulant embrasser la vie religieuse alla voir la supérieure d'un couvent pour lui faire part de ses dispositions. Celle-ci, voulant mettre la constance de la postulante à quelque épreuve, la mena à la chapelle, et lui fit connaître le temps qu'elle aurait à employer à la prière, non seulement durant le jour, mais durant une partie de la nuit; elle la mena ensuite au dortoir, et lui fit remarquer l'incommodité et la dureté du lit où elle aurait à prendre un peu de repos que la règle permettait; elle lui fit aussi parcourir les différents endroits de la maison où la nature avait à souffrir; elle la conduisit donc au réfectoire, où elle n'aurait qu'une nourriture mal apprêtée; au chapitre, où la moindre faute serait rigoureusement punie, etc., etc., et lui demanda ensuite si elle persistait dans sa résolution. Quel fut son étonnement lorsque la néophyte lui répondit avec autant de candeur que de fermeté : « Ma mère, je conçois que la nature doit avoir beaucoup à souffrir ici; mais une chose me console : c'est que partout où vous m'avez conduite j'y ai vu un crucifix! et peut-on trouver quelque chose de difficile lorsqu'on a un tel spectacle sous les yeux.

XLe LECTURE.

SAINT FIACRE, PATRON DES JARDINIERS.

Saint Fiacre est le patron des jardiniers,

et chaque année on le fête joyeusement si ce n'est dévotement, sans savoir d'où lui vient cet honneur.

Il était moine irlandais et avait obtenu de l'évêque de Meaux la permission d'arracher le bois qui couvrait l'espace de terrain qu'il pourrait entourer d'un fossé en une journée de travail, afin d'y faire un jardin et d'y cultiver des légumes pour les pauvres voyageurs. Il fixa sa résidence dans la partie de la Brie qui est entre Meaux et Jouarre, et ce riche canton, autrefois couvert d'une forêt impénétrable, eut pour premier habitant et pour premier cultivateur un pauvre moine.

XLIe LECTURE.

LE CAFÉ.

Le café nous vient de l'Arabie et de l'Ethiopie. Sa tige a quatre ou cinq mètres de hauteur; ses fleurs répandent une odeur très agréable, elles produisent de petits fruits rouges qui, en mûrissant, deviennent noirs. Deux graines allongées qui sont dans l'intérieur du fruit, sont ce qu'on appelle le café. Sa culture s'est surtout répandue dans la Martinique et dans l'île Bourbon.

L'usage du café n'a été introduit en France qu'au dix-septième siècle.

Je suis sûr, mes enfants, que vous savez tous comment on le prépare, cependant, je vais vous le rappeler : il faut qu'il soit brûlé légèrement d'un brun jaunâtre; puis on le fait infuser dans l'eau bouillante, tiède ou froide, si vous aimez mieux. Il ne faut jamais faire bouillir l'eau sur le café, ou vous lui donneriez un goût détestable. Le café est un très bon digestif; il est en même temps très excitant, aussi ne convient-il pas aux personnes nerveuses.

XLIIe LECTURE.

HISTOIRE D'ÉLÉAZAR.

Eléazar était un juif qui combattait dans l'armée du célèbre Judas Macchabée, lorsque celui-ci, avec des forces bien inférieures, osa attaquer, après avoir imploré Dieu par le jeûne et la prière, le roi Antiochus-Eupator qui venait pour écraser Jérusalem, à la tête d'une armée formidable, composée de cent trente mille hommes, de trente-deux éléphants dressés pour le combat, et de trois cents chariots armés de faulx.

Au plus fort de la mêlée, Eléazar aperçoit un éléphant plus grand et plus richement orné que les autres. Il pense que c'est celui qui porte le roi Antiochus, et forme alors le projet de se sacrifier pour soustraire sa patrie au joug de ce tyran. Aussitôt, saisissant son épée, il se fait jour parmi les combattants, se précipite sous le ventre de l'éléphant monstrueux et lui fait des blessures tellement profondes que le gigantesque animal s'affaisse sur lui-même et tombe en écrasant dans sa chute et celui qui vient de lui donner la mort, et ceux qu'il porte sur son dos.

XLIIIe LECTURE.

LE GÉNÉREUX VILLAGEOIS.

Dans un débordement de l'Adige, le pont de Vérone fut emporté, une arcade l'une après l'autre. Il ne restait plus que l'arcade du milieu, sur laquelle était une maison, et dans cette maison une famille entière. Du rivage, on voyait cette famille éplorée, tendre les mains, demander du secours. Cependant la force du torrent détruisait à vue d'œil les piliers de l'arcade. Dans ce péril, le comte Spolverini propose une bourse de cent louis à celui qui aura le courage d'aller sur un bateau délivrer ces malheureux. Il y avait à courir le danger d'être emporté par la rapidité du fleuve, ou de voir, en abordant au-dessous de la maison, écrouler sur soi l'arcade ruinée. Le concours du peuple était innombrable, et personne n'osait s'offrir. Dans ce moment passe un jeune villageois; on lui dit quelle est l'entreprise proposée, et quel sera le prix du succès. Il monte sur un bateau, gagne à force de rames le milieu du fleuve, aborde, attend au bas de la pile que toute la famille, père, mère, enfants et vieillards, se glissant le long d'une corde, soient descendus dans le bateau. « Courage, dit-il, vous voilà sauvés. » Il rame, surmonte l'effort des eaux, regagne enfin le rivage.

Le comte Spolverini veut lui donner la

récompense promise. « Je ne vends point ma vie, lui dit le villageois ; mon travail suffit pour me nourrir, moi, ma femme et mes enfants ; donnez cela à cette pauvre famille qui en a besoin plus que moi. » Il serait bien facile, je crois, d'ennoblir de tels incidents sans en altérer le pathétique, et un poème où l'humanité se présenterait sous des formes si touchantes se passerait fort bien de ce que l'on appelle le merveilleux.

XLIVe LECTURE.

HISTOIRE DU CAPITAINE ROSS.

D'après les rapports du capitaine Ross le meurtre est très rare parmi les Esquimaux, et quand par hasard il a lieu, la peine infligée, c'est l'isolement à perpétuité du meurtrier mis au banc de la tribu et que chaque membre évite avec le plus grand soin ; en sorte que l'on détourne la tête, si, par hasard, on venait à le rencontrer sans s'y attendre. Les motifs qui les déterminent à ne point punir de la peine capitale les coupables sont assez étranges. Le capitaine, en effet, ayant demandé pourquoi le meurtrier n'était pas puni de mort, on lui répondit que ce serait être aussi méchant que lui, et que la mort, d'ailleurs, ne rendrait pas la vie à celui qu'il a tué. Celui qui oserait mettre à mort même un meurtrier, serait regardé comme aussi coupable que lui-même.

XLVe LECTURE.

HISTOIRE D'UNE PETITE FILLE.

Un père était très dangereusement malade. Il avait une fille agée d'environ huit ans, qui avait bien profité des instructions qu'elle avait entendues au catéchisme. Se trouvant seule avec son père, elle lui dit : Papa, papa, vous êtes bien malade, le médecin a dit que vous mourrez peut-être demain. Maman est dans sa chambre qui pleure ; on la console. J'ai entendu dire au catéchisme, à M. le curé, que c'est un très grand péché de laisser mourir les malades sans confession. Personne n'ose vous dire qu'il faut que vous vous confessiez. — Je te remercie, lui dit-il ; va, mon enfant, va tout de suite chercher M. le curé. Que le Seigneur te bénisse; je te devrai mon salut... Le curé vint et administra le malade, qui mourut le lendemain. Il avait dit plusieurs fois, après avoir reçu les Sacrements: Sans ma petite fille, sans ma chère enfant, qu'allais-je devenir ?

XLVIe LECTURE.

LE POIVRE.

Le poivre est un fruit réduit en poudre plus ou moins fine; il vient d'un arbuste appelé poivrier.

Il est très répandu dans l'Asie et dans le sud de l'Amérique. Les espèces les plus importantes sont: le poivre ordinaire, le poivre long, le poivre cubèbe et le poivre bétel. Les Orientaux mâchent la feuille de ce dernier. Le poivre tire son nom d'un intendant de l'île Maurice nommé Poivre, qui y indroduisit la culture de cet arbuste, qui, jusque là, n'était connu que des Hollandais.

XLVIIe LECTURE.

HISTOIRE RACONTÉE PAR UN MISSIONNAIRE.

Un missionnaire du Nouveau-Monde parcourait les régions les plus écartées pour gagner des âmes à Jésus-Chrit. Il se présenta un jour à lui un sauvage dont les dispositions lui parurent extraordinaires. Dès qu'il fut bien instruit des mystères de notre sainte religion et de ce qui regarde les Sacrements, il lui administra le Baptême et la sainte Eucharistie, qu'il reçut avec les plus vifs transports de la reconnaissance et de l'amour.

Le missionnaire partit pour aller faire d'autres excursions apostoliques, et revint un an après dans le lieu où était le sauvage devenu chrétien. Dès que celui-ci eut connaissance de l'arrivée du missionnaire qu'il regardait comme son père, il se rendit auprès de lui, et le conjura de lui donner de nouveau la sainte communion. « Oui, mon fils, lui dit-il, mais il faut auparavant que vous confessiez les péchés mortels dont vous avez pu vous rendre coupable ; ne craignez rien, je vous aiderai à vous accuser. — Quoi ! mon père, répondit le sauvage avec étonnement, il y aurait des chrétiens qui, après avoir été baptisés et avoir reçu le corps de Jésus-Christ, seraient assez ingrats pour l'outrager par quelque péché mortel ? Grâce à Dieu, je ne crois pas être coupable d'aucun de ces péchés. » Il fondait en larmes en accusant les fautes les plus légères.

XLVIIIe LECTURE.

TRAIT DE FRÉDÉRIC II.

Frédéric II, roi de Prusse, sonna un jour, et personne ne vint. Il ouvrit sa porte, et trouva son page endormi dans un fauteuil. Il s'avança vers lui, et allait le réveiller, lorsqu'il aperçut un bout de billet qui sortait de sa poche. Curieux de savoir ce que c'était, il prit ce billet et le lut. C'était une lettre de la mère du jeune homme qui le remerciait de ce qu'il lui envoyait une partie de ses gages, pour la soulager dans sa misère. Elle finissait en lui disant que Dieu le bénirait pour la bonne conduite qu'il tenait envers elle. Le roi, après avoir lu, entra doucement dans sa chambre, prit un rouleau de pièces d'or, et le glissa avec la lettre dans la poche du page. Rentré dans sa chambre, il sonna si fort, que le page se réveilla et entra. Tu as bien dormi, lui dit le roi. Le page voulut s'excuser. Dans son embarras, il mit par hasard la main dans sa poche, et sentit avec étonnement le rouleau ; il le tire, pâlit, et regarde le roi en versant un torrent de larmes, sans pouvoir prononcer une seule parole. Qu'est-ce ? dit le roi. Ah ! sire, dit le jeune homme, en se précipitant à genoux, on veut me perdre : je ne sais ce que c'est que cet argent que je trouve dans ma poche. Mon ami, dit Frédéric, Dieu nous envoie souvent le bien en dormant. Envoie cela à ta mère, salue-la de ma part, et assure-la que j'aurai soin d'elle et de toi. La douleur du jeune homme se changea alors en transports d'allégresse; il reconnut par sa propre expérience, que rien ne contribue plus à rendre les enfants heureux, que les sacrifices qu'ils font pour leurs parents.

XLIXe LECTURE.

LES AVENTURES DU PETIT PAUL.

Un jeune enfant, très étourdi, nommé Paul, était allé passer quelques jours de vacances chez son ami Victor. En entrant, il voulut saluer la mère et les sœurs de Victor et faillit renverser un vieillard, grand-père de celui-ci, qui se levait pour recevoir Paul, et que notre étourdi n'avait même pas aperçu. Enfin, il fit tant bien que mal ses excuses qui furent agréées avec politesse. Un peu avant le dîner, nos deux jeunes gens vinrent passer quelques moments à la bibliothèque. Paul voulant atteindre un volume, monta sur un tabouret qu'il n'eut pas la précaution d'assujétir, et bientôt le tabouret et l'enfant roulèrent sur le parquet, entraînant dans leur chute une bouteille d'encre qui se brisa, et dont le contenu se répandit sur un beau tapis de pied.

Paul se levant aussitôt, prit son mouchoir et se mit à essuyer le plancher et le tapis tout inondés d'encre. Sur ces entrefaites, on vint les chercher pour se mettre à table, et l'incorrigible Paul trouva le moyen de commettre encore mille extravagances. Ce fut d'abord un plat de potage, placé à côté de lui, qu'en se retournant brusquement, il renversa sur la table et dont le bouillon brûlant vint inonder son pantalon et pénétra même jusque dans ses souliers. A peine cet accident était-il oublié, que l'une des sœurs de Victor pria Paul de lui faire passer le sucrier placé devant lui.

Le jeune étourdi venait justement d'accepter un beignet tout brûlant, que son ami lui avait offert et qu'il tenait encore au bout de sa fourchette. Voulant faire acte de politesse, en s'empressant d'offrir ce qu'on lui demandait, il ne trouva rien de mieux que de se débarrasser de son beignet, qui l'empêchait d'agir, et pour cela il se le mit bêtement et tout à coup dans la bouche. Il jeta aussitôt les hauts cris, car il s'était horriblement brûlé la langue et le palais. De l'eau ! de l'eau ! crie toute la famille effrayée. Qu'il avale un verre d'eau fraîche !.....

Victor se leva et courut chercher de

l'eau pour son ami ; mais celui-ci, apercevant, à côté de lui, un verre plein, s'en empare avec son étourderie ordinaire, et, avant que personne ait eu le temps de le prévenir, il emplit sa bouche de liquide, qui n'était autre que du vin blanc très-fort, et qui, sur les plaies vives de sa langue et de son gosier, lui causa d'atroces douleurs. Il avait la bouche pleine et il ne pouvait avaler. Enfin, il y porta la main, et la liqueur, s'échappant violemment entre ses doigts, alla inonder à droite et à gauche, les personnes qui étaient à table. Cependant le pauvre Paul, voulant s'essuyer le visage mouillé de sueur et de vin blanc, tira le malheureux mouchoir qui lui avait servi à essuyer le tapis sur lequel il avait renversé la bouteille d'encre, et se le passa plusieurs fois sur la figure qui, en un instant, fut barbouillée de noir du haut en bas. A cette vue, personne ne put retenir un violent éclat de rire, et comme il avait un bon caractère, il se mit à rire avec les autres, en se promettant bien, cependant de faire tous ses efforts pour se corriger de son étourderie.

L^e LECTURE.

LE SEL.

Les eaux de la mer renferment en dissolution du sel, dans la proportion d'environ 2 à 3 pour 100 de leur poids, et forment encore, sous le nom de sel gemme, des dépôts considérables. On trouve des mines de sel gemme d'une immense étendue en Hongrie, en Pologne, et dans divers endroits. Beaucoup d'ouvriers y sont employés et leur produit par an est de 125,000 quintaux.

Le niveau des galeries est à peu près de 400 mètres au-dessous du sol, et de 60 mètres au-dessous du niveau de la mer. Les ouvriers y ont des habitations, des écuries, une chapelle creusée dans le sol ; on y descend par 6 puits superposés, de 60 mètres de profondeur. Il existe aussi des mines de sel gemme en Asie, en Afrique et en Amérique. En France nous avons les mines de Vic et de Dieuze.

Les eaux de certaines sources et de certains lacs salés contiennent une forte proportion de sel marin.

On retire les eaux avec des pompes, et on les fait évaporer à l'air libre, puis dans des chaudières, pour en extraire le sel.

LIe LECTURE.

LE LANGAGE DES OISEAUX.

Un paysan nommé Jean avait éprouvé des revers de fortune, et était presque tombé dans la misère. Etait-ce par excès de zèle et d'économie ? Je croirais volontiers que c'était par les défauts contraires. Il aimait beaucoup dormir la grasse matinée, et se disait que tout pousserait bien, qu'il le vît ou non. Il rejetait donc volontiers la faute de sa pauvreté sur telle ou telle chose, mais jamais sur lui-même, ce en quoi il a eu et aura beaucoup d'imitateurs. Notre homme avait entendu dire que, dans un pays voisin, vivait une vieille femme ayant une grande réputation de sagesse, et passant même pour être un peu sorcière. Il s'en fut donc lui demander conseil, et, arrivé en sa présence, il se mit à lui conter que ses domestiques le trompaient et le volaient ; que son bétail tombait malade et mourait ; que la terre devenait de plus en plus stérile, en un mot, tous les maux dont peut se plaindre un paysan paresseux ; et il finit par lui demander si elle ne connaîtrait pas un bon moyen d'éviter de tels maux. Pendant qu'il défilait son chapelet, la vieille le considérait des pieds à la tête et eut bientôt vu où le bât le blessait. Ses bas étaient mal tirés, ses souliers n'étaient pas attachés, il avait mis son gilet à l'envers, sa cravate était roulée comme une corde autour de son cou ; enfin tout son extérieur indiquait clairement l'état de son ménage. Quand il eut fini de parler, la sorcière tira solennellement sa tabatière de sa poche, y puisa une large prise, et dit d'une voix mystérieuse :

« Je connais bien un moyen, mais voudrez-vous l'employer ? »

Jean sentit ses cheveux se dresser sur sa tête, cependant il voulut bien en faire l'essai.

« Eh bien ! retournez chez vous et suivez strictement mon ordonnance. Levez-vous le matin au moins une heure avant le soleil, lavez-vous trois fois les yeux et les oreilles, faites trois fois le tour de votre ferme et de vos champs, et écoutez ce que vous diront les moineaux et les hirondelles. Recommencez, le soir, une heure après le coucher du soleil, et cela pendant quinze jours. Vous viendrez alors me rapporter fidèlement ce que vous auront dit les oiseaux. »

Elle lui offrit une prise, et, le laissant bouche béante, leva la séance.

Jean suivit à la lettre le conseil que lui avait donné la sorcière; il s'y conforma certes plus scrupuleusement qu'aux ordres de son curé. Le seizième jour, il retourna chez la vieille.

« Eh bien! que vous ont dit les oiseaux? lui demanda-t-elle en le voyant entrer.

— J'ai écouté de toutes mes oreilles, répondit-il en se grattant la tête, mais je ne puis rien comprendre à leurs gazouillements. Le plus malin y perdrait son latin.

— Ils ne vous ont donc rien dit?

— Pas que je sache, reprit-il un peu déconcerté.

— Ils vous ont pourtant parlé, mais vous n'avez pas voulu comprendre. Ils ont dit: « Lève-toi matin comme nous; travaille activement pendant le jour, et tu seras récompensé de tes peines. » Si les oiseaux ne vous ont pas dit cela dans votre langage, leur exemple vous le démontrait du reste. Ne les voyez-vous pas hors du nid de bonne heure, et employer tout le jour à pourvoir à leur subsistance ? Allons ! retournez chez-vous, et apprenez à mieux comprendre le langage des oiseaux. »

Jean s'en retourna ; il écouta de nouveau et finit par comprendre.

LIIe LECTURE.

HISTOIRE DE TROIS BRIGANDS.

Dans un bois, trois brigands se tenaient en embuscade. Il vint à passer un marchand qui portait avec lui des sommes considérables et des objets de prix ; les brigands le tuèrent et s'emparèrent de tout ce qu'il possédait. Ils résolurent de faire bonne chère, pour célébrer ce crime affreux qui leur avait été si profitable. Le plus jeune se chargea d'aller à la ville voisine pour acheter du vin, des viandes cuites, enfin tout ce qui était nécessaire pour bien se régaler.

A peine fut-il parti que les deux autres se dirent : Si nous étions seuls à partager ces trésors, ils nous suffiraient pour vivre. Débarassons-nous de cet autre quand il reviendra avec ses provisions. Dès que nous l'aurons tué nous partagerons en frères, et nous irons vivre loin de ce pays.

Le troisième brigand se disait de son côté : Si je pouvais me défaire de mes deux compagnons, tout l'argent serait à moi ! Je vais empoisonner leur vin, ils en boiront, périront tous deux, et je posséderai seul les trésors du marchand.

En effet, il acheta des vivres, mêla dans le vin un poison violent et retourna dans le bois.

A peine fut-il arrivé près de ses compagnons, que ceux-ci se jetèrent sur lui et le tuèrent à coups de poignard. Ils se mirent ensuite à manger, burent du vin auquel était mêlé le poison, et expirèrent dans des douleurs atroces.

Juste punition de la Providence ! preuve nouvelle que les méchants ne peuvent se fier les uns aux autres.

LIIIe LECTURE.

HISTOIRE DE FRANÇOIS D'ÉTAMPES.

Athénodore, fameux philosophe, originaire de Tharse, prit la liberté de donner à l'empereur Auguste un remède assez plaisant pour guérir son emportement; il lui conseilla, dès qu'il se sentirait échauffé, de réciter les vingt-quatre lettres de l'alphabet grec, afin qu'en appliquant son esprit à d'autres objets, la vivacité de sa colère pût s'amortir dans cet intervalle de temps. Il voulut lui faire entendre que la réflexion est un moyen sûr pour réprimer les premiers mouvements de cette passion impétueuse, contre laquelle on ne peut trop être en garde.

François d'Etampes, marquis de Mauni, entra dans le cabinet de Louis XIII, qui donnait audience au Cardinal de Richelieu, et répondit aux questions du roi en bégayant, Le roi qui bégayait aussi crut que Mauni le contrefaisait : le prenant par le bras, il voulait le faire tuer par ses gardes. Heureusement le cardinal apaisa le roi, et lui dit : Votre majesté ne sait donc pas que Mauni est né bègue? De grâce, pardonnez-lui un défaut dont il n'est pas même responsable devant Dieu. » Louis XIII, honteux de sa promptitude, embrassa Mauni, et l'aima toujours depuis. Si le cardinal ne se fût point trouvé présent, l'infortuné marquis, qui ne pouvait se servir de sa langue pour s'excuser, allait être victime d'une offense imaginaire et d'un emportement aveugle et déraisonnable.

BONNES PENSÉES.

Le bourg le plus faible, le plus resserré, le plus inconnu, ne renfermât-il que vingt familles, est assez glorieux si la religion, l'amitié, la bonne foi règnent parmi ses habitants. — Imprudent, qui refusera d'établir sa demeure dans cet asile de paix et d'innocence.

—

L'homme honnête est toujours paisible, égal et tranquille. Toujours le méchant vit dans le trouble, et des douleurs secrètes dévorent son cœur.

CONSTANCE.

La constance peut avancer lentement; mais elle n'interrompt jamais l'ouvrage commencé. Apportez chaque jour en un même lieu une corbeille de terre, et vous finirez par faire une montagne. Mettez de côté chaque semaine le fruit de vos épargnes, et au bout de l'année vous aurez un trésor.

LIVe LECTURE.

DU TABAC A PRISER ET A FUMER.

Le tabac nous vient d'Amérique. Il a d'abord été en usage en Espagne. C'est une plante annuelle ; on la sème au printemps.

Lorsqu'il est en maturité, on arrache la plante , et on en détache les larges feuilles. Ces feuilles sont soumises à diverses opérations, suivant l'usage auquel elles sont destinées.

Par exemple, on les réduit en poudre pour en faire du tabac à priser, ou bien on les découpe en minces lanières, pour le tabac à fumer; enfin on les roule tout entières pour faire des cigares.

LVe LECTURE.

LES PETITES-SOEURS DES PAUVRES A PAU.

Un jour un brillant équipage s'arrête devant la modeste maison des Petites-Sœurs des pauvres, à Pau ; deux personnes en descendent, un homme d'une taille élevée, dont la tenue et la démarche indiquent l'uniforme et le commandement ; puis une dame dont la physionomie respire la grâce et la bonté. Les visiteurs ont appris, par le journal de la localité, que les amis des bonnes sœurs réclament quelques secours en leur faveur, et il veulent juger par eux-mêmes de l'étendue des besoins. Voici le réfectoire; il n'y a pas de luxe; la propreté en tient lieu. Chaque vieillard a cependant son couvert, son couteau, sa timbale dont le métal brille comme l'argent ; c'est à l'ingénieuse charité d'une noble étrangère qu'ils doivent ce confortable. Plus loin se présente le dortoir, bien aéré, bien chaud, garni d'excellentes couchettes. Ici encore, la propreté brille, mais on voit à quel prix. Des serviettes, des chemises, des draps de lit, d'autant plus souvent lavés que la lingerie est plus pauvre, sèchent sur des perches dans le dortoir, car la pluie ne permet pas de les étendre au dehors.

— Il vous manque un séchoir, ma bonne sœur, dit l'étranger.

— Sans doute, Monsieur, cette humidité n'est pas très saine pour nos pauvres ; mais nous avons un travail bien plus pressé à entreprendre.

— Lequel ?

— Une infirmerie pour les femmes.

— Et votre dortoir à vous, ma sœur, montrez-nous-le donc.

— Le voici.

— Quoi cette espèce de soupente, sous le toit, ouverte à la pluie et à tous les vents? Si vous couchez tout l'hiver dans ce réduit glacial, vous tomberez malades, et alors qui soignera vos pauvres.

Le visiteur s'afflige d'un pareil dénûment; les Petites-Sœurs ont beaucoup fait déjà ; mais il leur reste beaucoup à faire.

— Savez-vous qu'il vous faudra plusieurs milliers de francs pour tous ces travaux ? Sur quelles ressources comptez-vous donc ma sœur ?

— Sur la Providence, qui jusqu'à ce jour ne nous a pas abandonnées.

— La Providence ! c'est bientôt dit.

Puis, après avoir échangé un regard avec sa compagne :

Eh bien ! soit; c'est nous qui serons la Providence.

Le lendemain, le général revenait escorté d'un architecte; il est de ceux qui ne font pas languir un projet dans les cartons et les paperasses. Homme d'action avant tout, l'exécution chez lui suit de près la parole.

LVIe LECTURE.

HISTOIRE.

Le maréchal de Catinat se plaignait amèrement de la précipitation avec laquelle on jugeait un officier d'après la première faute, et croyait au contraire qu'il était du devoir d'un général de lui fournir les moyens de la réparer. Il rapporta souvent à ce propos une histoire qui lui était arrivée, sans qu'on ait jamais pu en deviner le héros.

Un jeune homme très recommandé par toute la cour, vint à son armée prendre le commandement d'un régiment. Le maréchal lui dit à son arrivée, que pour première preuve de considération; il lui donnerait le lendemain un détachement, et qu'il lui promettait de rencontrer les ennemis.

La promesse du maréchal fut accomplie, le détachement rencontra les ennemis. Le jeune homme, étonné par le bruit et le sifflement des balles, tint une conduite scandaleuse pour l'armée. Tout le monde en parla : le maréchal fit tout ce qu'il put pendant la journée pour paraître ne pas entendre les différents discours. Quand la nuit fut venue, il envoya chercher ce jeune homme, lui parla de sa faute, et lui dit qu'il fallait opter entre le parti de la réparer ou de se faire capucin le même jour. Le jeune homme ne balança pas; il commanda le lendemain un nouveau détachement, rencontra les ennemis, montra la plus grande valeur, et fut depuis, de l'aveu du maréchal de Catinat, un des meilleurs officiers qu'ait eus le roi: il est ou il sera maréchal de France, ajouta-t-il, pour éloigner plus sûrement les soupçons.

LVIIe LECTURE.

INDUSTRIE. L'ARDOISE ET LA CRAIE.

On tire l'ardoise d'une espèce de schiste, qu'on appelle schiste ardoisier; on en trouve d'immenses carrières à Angers, dans les monts Cévennes, et aux environs de Mézières. Celles d'Angers surtout sont très renommées pour la beauté et la légèreté des ardoises qu'elles fournissent.

La craie, dont vous vous servez, mes enfants, pour écrire sur les tableaux, est une espèce de calcaire; on en trouve beaucoup en France et en Angleterre. Dans le bassin de Paris; la Champagne et la Normandie, la craie s'y présente à découvert et forme des collines.

C'est avec la craie qu'on fait le blanc d'Espagne, et le blanc de Meudon. Dans certains pays, elle est si abondante, qu'on l'emploie comme pierre à bâtir.

LVIIIe LECTURE.

HISTOIRE D'ANYSIE.

Les persécutions mêmes n'empêchaient pas les chrétiens de célébrer les fêtes de l'Eglise. Une vierge chrétienne nommée Anysie se rendait à l'assemblée des fidèles, lorsqu'un garde de l'empereur Dioclétien, l'apercevant, fut frappé de sa modestie. Il alla audevant d'elle et lui dit : « Demeure là : où vas-tu ? » Anysie, craignant à son ton qu'il ne l'insultât, fit sur son front le signe de la croix pour obtenir de Dieu la grâce de résister à la tentation. Le soldat se trouva offensé de ce qu'elle ne répondait que par un tel signe à la question qu'il lui faisait. Il mit la main sur elle, et lui dit avec colère : « Réponds; qui es-tu ! où vas-tu ! » elle répondit courageusement : Je suis servante de Jésus-Christ, et je vais à l'assemblée du Seigneur. — Je t'empêcherai bien d'y aller; je t'emmènerai sacrifier aux dieux; nous adorons aujourd'hui le soleil, tu l'adoreras avec nous. » Il lui arracha en même temps le voile dont son visage était couvert. Anysie tâcha de l'en empêcher : et lui soufflant au visage, elle lui dit : « Va misérable, Jésus-Christ te punira ! » Le soldat devint alors si furieux, qu'il tira son épée et l'enfonça dans le cœur de la vierge chrétienne. Elle tomba baignée dans son sang, mais son âme fut couronnée de gloire dans le ciel.

LIXe LECTURE.

HISTOIRE D'UN USURIER.

Un fameux usurier, se voyant près de mourir, fit appeler un confesseur. Celui-ci, ayant trouvé que tout son bien était acquis par la voie injuste de l'usure, lui dit qu'il fallait absolument restituer. — Mais que deviendront mes enfants ? dit le malade. — Le salut de votre âme, dit le confesseur, doit vous être plus cher que la fortune de votre famille. — Je ne puis me résoudre à ce que vous exigez, reprit le moribond, et j'en courrai les risques. Il se tourne vers la muraille de son lit et meurt. Quelle mort ! combien elle doit faire trembler ceux qui ne doivent les biens qu'ils possèdent qu'à la fraude et à l'injustice.

Si l'homme raisonnait et réfléchissait un moment, pourrait-il balancer entre la bonne et la mauvaise conscience ? Suivie du calme et de la sérénité, l'une nous fait jouir de notre propre estime et de celle d'autrui ; tandis que, pleine d'amertume, les tristes fruits de l'autre sont le mépris, la honte et le remords.

LXe LECTURE.

SAINT SYMPHORIEN.

Symphorien était fils d'un chrétien qualifié de la ville d'Autun, nommé Fauste. En 179, ce saint vivait à Autun dans tout l'éclat que peuvent donner une haute naissance et une rare vertu. Un jour qu'on portait en procession la déesse Cybèle, qu'on appelait la mère des dieux, Symphorien se trouva en un endroit où la cérémonie passait ; au lieu de l'adorer, comme on voulait l'y forcer, il montra le mépris qu'il faisait de cette idole. Il fut arrêté comme un séditieux et conduit à Héraclius, homme consulaire, qui, le voyant confesser hautement qu'il était chrétien, le fit fouetter et mettre en prison ; on l'en tira quelques jours après, et le juge, le trouvant inébranlable dans sa foi, le condamna à perdre la tête. Comme on le menait au supplice, sa mère lui cria de dessus la muraille de la ville : « Mon fils, souvenez-vous du Dieu vivant ; armez-vous de constance et de force ; élevez votre cœur en haut, et regardez celui qui règne dans le ciel : on ne vous ôte point la vie, on ne fait que la changer en une meilleure. » Animé par les discours de sa mère, il consomma avec joie son sacrifice. Les fidèles enlevèrent secrètement son corps et l'enterrèrent. Saint Euphrone, qui fut depuis évêque d'Autun, témoin des miracles qui s'opéraient au tombeau du saint, y fit bâtir une église.

PRIÈRE A SAINT SYMPHORIEN.

Dieu éternel et tout-puissant, qui avez accordé au bienheureux Symphorien la grâce de combattre courageusement pour vaincre les caresses du monde et mépriser ses rigueurs, faites qu'en admirant, dans ce jeune athlète, sa foi ferme et constante, nous puissions l'imiter. Par notre Seigneur J.-C. Ainsi soit-il.

LXIe LECTURE.

UN ÉVÈNEMENT.

Le fils de M. D***, rue des Fourreurs, à Paris, était pensionnaire chez M. Achard. Il lui prit envie de voyager, et, pour y parvenir, il ne vit rien de mieux que de s'engager. On le fit partir pour la ville d'Eu en Caux, où le régiment était en garnison ; mais ayant appris que l'argent est le nerf de la guerre, et ne possédant pas un sou, il écrit à son père, qui, irrité contre lui, ne daigna pas lui faire réponse ; il s'adresse à ses anciens camarades qu'il regrettait sans doute, et leur expose sa misère ; leurs petits cœurs s'émeuvent, leurs têtes se montent, ils se fouillent, mettent en commun tout ce qu'ils possèdent, parviennent à former une somme de soixante francs. On en charge le plus âgé, qui met le trésor dans une papillotte, l'insère dans une lettre, et le présente à la poste pour l'affranchir. Le commis s'aperçoit que la lettre contient de l'argent, la refuse, et demande trois francs pour le port de la somme. L'écolier, pris au dépourvu, ne voulant point entamer les deniers publics, reprend la lettre, retourne chez M. Achard, vend ce qu'il a, se procure, par ce moyen violent, cinq petits louis, part à pied pour la ville d'Eu, et remet le dépôt aux mains de celui-là même auquel il était destiné. Ce départ inquiéta fort le père de l'enfant, surtout quand il apprit la commission qu'il avait acceptée. Mais il est revenu, après avoir rempli des obligations qu'il regardait comme sacrées; il a repris ses fonctions avec toute la modestie d'un cœur satisfait, et probablement convaincu, de bonne heure, qu'il est plus doux de donner que de recevoir.

LXIIe LECTURE.

INDUSTRIE, FABRICATION DES GLACES.

Les petits miroirs, mes enfants, se fabriquent comme les verres à vitres.

Les glaces se font au contraire en coulant le verre fondu sur une table horizontale, où on les polit et les étame.

Pour les polir, on place une glace sur une table, où elle est retenue par un scellement en plâtre. Une seconde glace de même dimension est fixée dans un châssis de bois qui permet de l'établir au-dessus de la première, et de lui communiqner un mouvement de va et vient. On répand du sable fin humecté d'eau entre les deux glaces pour dégrossir les surfaces, puis on le remplace par du plus fin encore, puis par de l'émeri. On donne le dernier poli avec du *rouge d'Angleterre*, qui est de l'oxide de fer. Le polissage réduit souvent de moitié l'épaisseur du verre.

Pour l'étamage, on applique une feuille d'étain, très mince et très unie, sur une table de marbre horizontale, et on la recouvre d'une couche de mercure.

PLUMES, CRAYONS ET PAINS A CACHETER.

Les plumes métalliques, dont l'usage est devenu si général, sont d'invention française ; mais l'Angleterre, qui nous a emprunté cette industrie, nous fait une active concurrence.

Les crayons se font avec de la *plom-*

bagine ou mine de plomb; on la débite en petites réglettes qu'on loge ensuite dans un étui en bois. Les rognures et la poussière, agglutinées avec un peu d'argile, servent à faire des crayons durs. Les crayons noirs à dessins sont faits avec de l'argile et du noir de fumée.

Les pains à cacheter sont faits avec de la fleur de farine délayée en pâte un peu claire, puis coulée en petites plaques que l'on sèche ensuite à l'étuve et que l'on découpe à l'emporte-pièce.

Pour les pains à cacheter de couleur, diverses matières colorantes se mêlent à la pâte; on les choisit parmi les substances non vénéneuses.

LXIIIe LECTURE.

CONSEILS.

Combien de fois n'avez-vous pas entendu dire par de grandes personnes : *Ah! si mes parents m'avaient fait donner plus d'instruction, que n'aurai-je pas fait, à quoi ne serai-je pas arrivé, au lieu de végéter dans l'humble position où je suis resté!...* Eh bien! mes amis, ce trésor dont ces personnes ont été privées, vous êtes à même de le posséder un jour. Vous avez le bonheur d'appartenir à des parents assez éclairés pour comprendre l'importance d'une bonne éducation et qui vous aiment assez pour s'imposer des sacrifices, des privations peut-être, pour vous assurer cet inestimable bienfait, ce patrimoine dont rien ne pourra jamais vous dépouiller. Profitez donc de votre séjour à l'école, pensez souvent à vos bons parents; vous serez maintenant de bons écoliers, et plus tard, devenus des sujets distingués, vous dédommagerez vos familles des sacrifices qu'elles auront faits pour assurer votre avenir.

Maintenant, mes enfants, je vais vous donner encore quelques conseils sur le choix d'un état. Très souvent dans la province on prend avec hésitation le métier de son père, tandis qu'en Angleterre, à Paris et dans les villes manufacturières, c'est le contraire: le fils reprend toujours la suite des affaires de son père.

Si votre père est sabotier n'ayez d'autre ambition que de faire aussi quelque jour des sabots; s'il est menuisier ou charpentier, devenez aussi menuisier ou charpentier, c'est peut-être ce que vous avez de mieux à faire.

Vous aurez pour vous l'expérience et la clientèle de votre père. Mais surtout si vos parents sont de braves laboureurs, ayant quelques hectares de terre et une bonne charrue pour les cultiver, croyez-moi, ne soyez jamais qu'un laboureur, vous ne trouverez nulle part une position plus honorable, plus indépendante et plus sûre.

Beaucoup d'autres qui vous paraissent plus brillantes et plus commodes, vous offriraient moins de garantie, plus d'incertitude et surtout moins de vrai bonheur.

LXIVe LECTURE.

A QUOI PEUT SERVIR LA POLITESSE.

Il y a un certain nombre d'années, dans la cour des messageries, à Paris, une diligence, toute chargée et attelée de ses cinq chevaux, n'attendait plus que ses voyageurs pour partir; ceux du coupé étaient montés; on appelait ceux de l'intérieur, lorsqu'une difficulté s'éleva entre les deux personnes qui devaient occuper la quatrième et la cinquième place. Toutes deux portaient le même nom, et l'embarras était de savoir à qui appartiendrait le coin de la quatrième. L'un de ces voyageurs passait la soixantaine ; l'autre n'avait pas trente ans. « Monsieur, dit le voyageur âgé, j'ai retenu ma place tel jour, à telle heure. — Monsieur, répondit le jeune homme, c'est précisément la veille de ce jour que j'ai arrêté la mienne ; mon billet d'inscription en fait foi : j'aurais donc la priorité sur vous ; mais ajouta-t-il aussitôt ; votre âge et le mien me font un devoir de ne pas user de mon droit ; veuillez donc accepter une place que je suis heureux de vous offrir. » La place fut acceptée ; on partit, et la conversation ouverte entre les deux voyageurs par cet incident de politesse continua et devint tout à fait intime le long de la route. Le vieillard apprit que son jeune compagnon était principal clerc dans une étude de notaire à Paris, et que toute son ambition consistait à être lui-même notaire un jour : « Quand le moment sera venu, lui dit-il en le quittant, vous m'en informerez, n'est-il pas vrai ? Voici mon nom ; j'habite cette ville ; ne manquez pas de m'écrire, et croyez que, si je puis vous être utile, je m'y prêterai de bon cœur. » Quelques années après, le jeune homme achetait une étude, et, fidèle à la recommandation du vieillard, il l'en informait, sans soupçonner l'appui qu'il en devait recevoir. Une réponse ne tarda pas à lui arriver ; elle contenait un engagement par lequel on le cautionnait pour une somme importante, et quatre ou cinq ans après, le vieillard, en mourant, lui laissait environ quatre cent mille francs, presque toute sa fortune. Le bon procédé du jeune homme reçut ainsi sa récompense.

La vieillesse est sensible aux égards ; ils lui sont dus, car elle en a besoin. Soyons toujours polis, sans espérer pareille récompense ; soyons-le par égard pour nous, par égard pour autrui. La politesse est le caractère distinctif de la bonne éducation.

LXVe LECTURE.

L'EMPEREUR D'AUTRICHE ET LA JEUNE FILLE.

L'empereur se promenant seul dans les

rues de Vienne, vêtu comme un simple particulier, rencontra une jeune personne tout éplorée, qui portait un panier sous son bras. « Qu'avez-vous ? lui dit-il affectueusement, que portez-vous? où allez-vous? ne pourrai-je calmer votre douleur ? » — Je porte des hardes de ma malheureuse mère, répondit la jeune personne au prince qui lui était inconnu; je vais les vendre; c'est, ajouta-t-elle d'une voix entrecoupée, notre dernière ressource. Ah! si mon père, qui versa tant de fois son sang pour la patrie, vivait encore, ou s'il avait obtenu la récompense due à ses services, vous ne me verriez pas dans cet état. — Si l'empereur, lui répondit le monarque attendri, avait connu vos malheurs, il les aurait adoucis; vous auriez dû lui présenter un mémoire, et employer quelqu'un qui lui eût exposé vos besoins. — Je l'ai fait, répliqua-t-elle, mais inutilement, le seigneur à qui je me suis adressée m'a dit qu'il n'avait rien pu obtenir. — On vous a déguisé la vérité, ajouta le prince, en dissimulant la peine qu'un tel aveu lui faisait; je puis vous assurer qu'on ne lui aura pas dit un mot de votre situation, et qu'il aime trop la justice pour laisser périr la veuve et la fille d'un officier qui l'a bien servi : faites un mémoire, apportez-le moi demain au château, en tel endroit, à telle heure ; si tout ce que vous dites est vrai ; je vous ferai parler à l'empereur, et vous obtiendrez justice. « La jeune personne, en essuyant ses pleurs, prodiguait des remercîments à l'inconnu, lorsqu'il ajouta : Il ne faut pas cependant vendre les hardes de votre mère, combien comptiez-vous en avoir ? — Six ducats, dit-elle. — Permettez que je vous en prête douze, jusqu'à ce que nous ayons vu le succès de nos soins. » A ces mots la jeune fille vole chez elle, remet à sa mère les douze ducats avec les hardes, et lui fait part des espérances qu'un seigneur inconnu vient de lui donner ; elle le dépeint, et ses parents qui l'écoutaient, reconnaissent l'empereur dans tout ce qu'elle en dit. Désespérée d'avoir parlé si librement, elle ne peut se résoudre à aller le lendemain au château ; ses parents l'y entraînent : elle y arrive tremblante, voit son souverain dans son bienfaiteur, et s'évanouit. Cependant le prince, qui avait demandé, la veille, le nom de son père et celui du régiment dans lequel il avait servi, avait pris des informations, et avait trouvé que tout ce qu'elle lui avait dit était vrai. Lorsqu'elle eut repris ses sens, l'empereur la fit entrer avec ses parents dans son cabinet, et lui dit de la manière la plus obligeante :

« Voilà, mademoiselle, pour madame votre mère, le brevet d'une pension égale aux appointements qu'avait monsieur votre père, dont la moitié sera reversible sur vous, si vous avez le malheur de la perdre; je suis fâché de n'avoir pas appris plus tôt votre situation, j'aurais adouci votre sort. » Depuis cette époque, ce prince a fixé un jour par semaine, où tout le monde est admis à son audience.

LXVIe LECTURE.

INDUSTRIE. FABRICATION DU SAVON.

Il y a, à Marseille, de grandes fabriques de savon très renommées. On y emploie même, pour la fabrication, du sel marin.

Dans la composition du savon il entre des huiles d'espèces différentes ; mais principalement l'huile d'olive préparée à chaud; celle qui est rance est préférée comme moins coûteuse ; on y ajoute dans une certaine proportion de l'huile de navette ou d'œillette. On emploie aussi les suifs, la graisse qu'on retire des animaux de boucherie.

Pour le préparer, on fait chauffer les matières grasses, liquides ou solides, avec de la potasse ou de la soude, en maintenant la température à cent degrés jusqu'à ce que les matières grasses se dissolvent complètement ; par le refroidissement, le savon se prépare en masses fortement colorées. On le refond à une chaleur douce, et on décante la partie liquide, qu'on laisse ensuite refroidir; on obtient ainsi le savon blanc.

Quant au savon gris ou marbré, on l'obtient en faisant un mélange de matières communes et noirâtres, mêlées dans la pâte du savon blanc.

LXVIIe LECTURE.

MOEURS CHINOISES.

Un soldat envoyé en Chine raconte ainsi

l'enterrement d'un Chinois dont il a été témoin.

Dès qu'un Chinois est mort, son parent le plus proche lui ferme les yeux, le nez, les oreilles hermétiquement et lui met dans la bouche une pièce de monnaie, puis il se rend à une source sacrée, où, en échange de papier doré ou argenté, on lui donne une certaine quantité d'eau qui sert à laver le corps du défunt. Pendant trois jours et trois nuits, des Bonzes accourus sur l'appel de la famille récitent des prières qu'ils n'interrompent que pour frapper leurs cimbales et leurs tam-tam en poussant des cris funèbres: plus ils font de bruit, plus ils espèrent chasser le mauvais génie qui toujours veut s'emparer de l'âme du défunt. Ce n'est que trois jours après le décès que le mort, revêtu de ses habits de fête, est mis dans le cercueil et conduit dans le lieu de la sépulture. En avant du cortège s'avancent deux groupes de quatre hommes vêtus de blanc, ce qui, comme dans les Indes, est l'indice du grand deuil. Le premier groupe porte les tablettes mortuaires ainsi qu'une épitaphe en gros caractères. Le second porte le corps sur un brancard. Un Bonze précède le corps, un autre le suit, tous deux jettent des morceaux de papier argenté et frappent des cimbales; au moment où le cercueil est déposé, au bruit des cimbales qui redouble vient se mêler la détonation de pétards et de boîtes d'artifice. Après la cérémonie funèbre, tous les parents se réunissent à la même table pour rendre hommage à la mémoire de l'ami qui n'est plus, en mangeant et buvant avec gaieté. Le mauvais génie a dû alors s'éloigner.

En Chine, l'autorité paternelle est assimilée à l'autorité souveraine du roi. La désobéissance des enfants est punie comme un crime de rébellion envers l'État. Nous pouvons citer un trait frappant de la rigueur excessive avec laquelle les lois sont appliquées.

Un homme de complicité avec sa femme avait maltraité sa mère; c'était un forfait inouï dans les annales du pays; la cour de Pékin envoya l'ordre d'en tirer une punition exemplaire. La place où le crime avait été commis fut maudite. Les deux coupables furent mis à mort, leur maison fut démolie et rasée, la mère de la femme fut bâtonnée, marquée, puis exilée pour la faute de sa fille. Les étudiants du district furent pendant trois ans privés de la faculté de se présenter aux examens publics; que le vice roi, ajoute l'édit impérial, donne la plus grande publicité à cette proclamation et la fasse circuler dans toute l'étendue de l'empire, afin que personne ne l'ignore; et s'il existe des enfants rebelles qui désobéissent à leurs parents, les maltraitent ou les déshonorent, qu'ils soient punis de la même manière. J'enjoins aux magistrats de chaque province de faire les recommandations les plus sévères aux chefs de famille et aux anciens des villages, de lire publiquement le 2 et le 16 de chaque mois les instructions sacrées, car je veux que la piété filiale règne dans les écoles et dans l'empire.

LXVIIIe LECTURE.

SAINT LOUIS ET SON FILS.

Louis IX, ce roi qui n'a pas moins illustré la France par sa sagesse et par sa valeur, que par ses vertus et par sa sainteté, estimait plus en lui le titre de chrétien que celui de roi. Il faisait plus de cas de la piété, que de toutes les grandeurs de la terre. Voilà pourquoi, lorsqu'il fut sur le point de mourir, il adressa à son fils ces belles paroles qu'on devrait sans cesse répéter à tous les enfants.

« Mon fils, la première chose que je te recommande c'est d'aimer Dieu de tout ton cœur, sans quoi personne ne peut se sauver.

« Garde-toi de rien faire qui lui déplaise c'est-à-dire, de pécher mortellement. Tu devrais plutôt souffrir toutes sortes de tourments.

« Confesse-toi souvent, et choisis des confesseurs vertueux et savants, qui sachent t'instruire de ce que tu dois faire ou éviter.

« Assiste dévotement à l'office divin, sans causer et regarder çà et là; mais priant Dieu de bouche et de cœur, particulièrement à la messe, après la consécration.

« Prends garde de n'avoir en ta compagnie que des gens de bien.

« Aime tout bien, et hais tout mal en quoi que ce soit.

« Que personne ne soit assez hardi pour dire devant toi la moindre parole qui excite au péché; ou pour médire d'autrui.

« Rends souvent grâces à Dieu de tous les biens qu'il t'a faits, en sorte que tu sois digne d'en recevoir encore plus. »

Ce que ce saint roi disait à son fils, je vous le répète à vous-mêmes, mes enfants; c'est la leçon que je voudrais graver le plus profondément dans votre esprit et dans votre cœur.

Craignez Dieu, dit le sage, et observez ses commandements : car c'est en cela que consiste tout l'homme.

On peut se passer de la science, des richesses et de tous les autres avantages humains; mais la piété est absolument nécessaire. Avec elle, tout devient utile; mais sans elle, tout se change en poison, et ne sert qu'à nous rendre coupables et malheureux.

LXIXe LECTURE.

COURAGE D'UN PAYSAN.

La grandeur d'âme ne suppose pas

nécessairement une haute naissance; les sentiments généreux se trouvent souvent dans les classes les plus basses des citoyens. Un paysan de la Fionie vient de fournir un exemple qui mérite d'être connu. Le feu avait pris au village qu'il habitait; il courut porter des secours aux lieux où ils étaient nécessaires: tous ses soins furent vains, l'incendie fit des progrès rapides; on vint l'avertir qu'il avait gagné sa maison. Il demanda si celle de son voisin était endommagée; on lui dit qu'elle brûlait, mais qu'il n'avait pas un moment à perdre s'il voulait conserver ses meubles: « J'ai des choses plus précieuses à sauver, répliqua-t-il sur-le-champ, mon malheureux voisin est malade et hors d'état de s'aider lui-même, sa perte est inévitable s'il n'est pas secouru, et je suis sûr qu'il compte sur moi. » Aussitôt il vole à la maison de cet infortuné, et sans songer à la sienne qui faisait toute sa fortune, il se précipite à travers les flammes qui gagnaient déjà le lit du malade. Il voit une poutre embrasée prête à s'écrouler sur lui, il tente d'aller jusque-là, il espère que sa promptitude lui fera éviter ce danger, qui sans doute eût arrêté tout autre : il s'élance auprès de son voisin, le charge sur ses épaules, et le conduit heureusement en lieu de sûreté.

La chambre de Copenhague, touchée de cet acte d'humanité peu commun, vient d'envoyer à ce paysan un gobelet d'argent, rempli d'écus danois, la pomme du couvercle est surmontée d'une couronne civique, aux côtés de laquelle pendent deux médaillons, sur lesquels cette action est gravée en peu de mots. Plusieurs particuliers lui ont fait aussi des présents. pour l'indemniser de la perte de sa maison et de ses effets, leur bienfaisance mérite des éloges. Récompenser la vertu. c'est encourager les hommes à la pratiquer.

LXXe LECTURE.

LES TURCS ET LEURS MOSQUÉES.

Les Turcs ont un tel respect pour leurs mosquées, qu'ils ne passent jamais devant sans en donner quelque marque extérieure; un cavalier qui ne descendrait pas de cheval en passant devant serait rigoureusement puni ; ils n'y entrent que nu-pieds, les mains jointes et dans un profond recueillement. Ils y sont si attentifs et si modestes, qu'ils semblent être plutôt des religieux que des barbares ; ils donnent plusieurs fois du front en terre pour s'humilier en la présence de Dieu. Pendant tout le temps qu'ils sont en prière, vous n'en verrez pas un seul qui ose tourner la tête. C'est un crime de dire un mot à un autre ; aussi est-ce une chose inouïe de voir deux Turcs parler ensemble pendant le temps de l'Oraison. Quelque chose que l'on dise à un Turc lorsqu'il est en prière, il ne répond pas : on le maltraiterait, qu'il ne regarderait pas qui l'a frappé. Ah ! que ces infidèles donneront un jour de confusion aux Chrétiens qui font leurs prières avec si peu d'attention et avec tant d'immodestie !

JEAN DE COURSES.

Jean de Courses, comte de Malicorne, chevalier des ordres du roi, gouverneur du Poitou, était fort attaché à Henri III, roi de France, et ce monarque l'honorait de son amitié. Les rebelles de Poitiers se saisirent de sa personne et le traînèrent dans les rues de cette ville, en portant à chaque pas leurs hallebardes à sa gorge pour l'intimider et l'obliger de manquer de fidélité au roi. « Je n'ai jamais commis de lâcheté, le serment que vous voulez que je fasse en serait une, leur répondit-il ; vous pouvez m'ôter la vie, mais vous ne m'ôterez jamais l'honneur. »

LXXIe LECTURE.

INDUSTRIE. L'IVOIRE ET L'OS.

L'ivoire, mes enfants, vient des dents d'éléphant, qui atteignent quelquefois un mètre et demi de long; il fournit au commerce de la tabletterie une quantité d'ouvrages.

On travaille l'ivoire de mille manières, mais surtout au tour, pour en faire une multitude de petits objets; il est plus dur et plus compacte que l'os, il prête à un travail beaucoup plus délicat et conserve sa couleur et sa transparence, tandis que l'os jaunit et s'altère assez promptement.

DE L'OS.

On utilise les os d'une infinité de manières. Après les avoir sciés, ciselés, sculptés, on en fait des manches de couteaux, de canifs, de rasoirs et de toutes sortes d'instruments, on s'en sert pour rafiner le sucre; en les faisant brûler, on en compose ce qu'on appelle *noir animal.*

TONNEAUX EN VERRE, CRISTAL, DEMI-CRISTAL.

On annonce que nous allons voir disparaître les tonneaux en bois pour faire place à des tonneaux en verre ou en cuivre. Avec ces nouveaux tonneaux on n'a plus à craindre l'introduction de l'air. Ils ont l'avantage de laisser toujours voir la quantité de la liqueur contenue, d'en assurer la conservation, la saveur et la force jusqu'à la dernière goutte, et de rendre impossible toute fuite et toute évaporation. Ils doivent également remplacer les bouteilles dont la fermeture avec les bouchons présente tant d'inconvénients : leur capacité est de cinq jusqu'à cent litres; on assure qu'ils sont moins fragiles que les tonneaux en bois, ayant admirablement résisté à une force de pression considérable.

Un brevet a été pris pour cette invention.

LXXIIe LECTURE.

MORT DE LA REINE BRUNEHAUT.

Sans doute, enfants, vous avez lu dans l'histoire de France la rivalité trop célèbre des deux reines Frédégonde et Brunehaut, et vous avez été effrayés des crimes dont ces femmes, animées par la soif de la vengeance, se sont rendues coupables. Frédégonde mourut avant Brunehaut; mais cette dernière périt d'un supplice affreux.

Au moment où Brunehaut, était toute puissante en Austrasie, les grands de ce royaume se révoltèrent après la mort de Thierry, et la livrèrent, avec ses trois petits-fils, à Clotaire II, fils de Frédégonde, lequel fut impitoyable comme sa mère.

Ce roi barbare réunit à Soissons, un conseil de chefs francs, devant lequel comparut la reine captive, fille, sœur, mère, aïeule de tant de rois. Elle avait alors quatre-vingts ans, et sa tête était encore ornée d'une longue chevelure blanche. Son grand âge, sa dignité, son air respectable, rien n'arrêta la vengeance de Clotaire. Il remplit devant le tribunal, qu'il avait composé lui-même, l'office d'accusateur public. Il reprocha à Brunehaut, la mort de dix rois Saliens, lui compta et ses crimes, et ceux de Frédégonde. En terminant, il s'adressa en ces termes, aux chefs des Francs : « Dites, guerriers, quel châtiment mérite cette femme ? » La mort, répondirent-ils tous.

La malheureuse reine fut alors tourmentée, pendant trois jours, par divers supplices, puis on la promena sur un chameau par tout le camp, au milieu des injures et des huées des soldats ; enfin, supplice bien digne de ces temps barbares, on l'attacha par les cheveux, par un pied et par un bras, à la queue d'un cheval indompté, qui l'emporta au loin et la mit en pièces.

Ses trois petits fils furent égorgés.

O mes enfants, remercions Dieu d'être nés à une époque si éloignée de ces temps de barbarie. Le Christianisme, en adoucissant les mœurs des hommes, a porté parmi nous le flambeau de la civilisation, et le sort des peuples est aujourd'hui bien autre qu'il n'était dans ces siècles de ténèbres et d'impiété.

La religion et la patrie ont donc droit à tout notre dévouement. Travaillons à devenir des hommes sincèrement pieux, des citoyens dévoués et utiles.

LXXIIIe LECTURE.

TRAIT DE BIENFAISANCE.

Le roi Louis XVI et son auguste épouse, peu de temps avant de monter sur le trône, se promenaient dans le parc de Versailles, libres du faste importun qui sans cesse assiége les grands. Ils aperçurent une jeune enfant qui portait une écuelle avec quelques cuillers d'étain, — Que portes-tu là, dit la princesse? — Madame, c'est la soupe pour mon père et ma mère qui travaillent là-bas aux champs. — Et avec quoi est-elle faite? Avec de l'eau, Madame, et des racines. — Quoi, sans viande? — Oh! Madame, bienheureux quand nous avons du pain. — Hé bien!

porte ce louis à ton père pour vous faire à tous de meilleure soupe. — Elle dit au prince : Voyons ce qu'elle deviendra ? — Ils la suivirent en effet ; et considérèrent de loin le bon homme courbé sous le poids de son travail, qui, dès que sa fille lui a remis le louis et lui a fait part de cette heureuse rencontre, tombe à genoux avec sa femme et ses enfants, et lève les mains vers le ciel. — Ah ! vois-tu, mon ami, s'écrie la princesse, ils prient pour nous. Quel plaisir on goûte à faire du bien ? ton cœur ne te dit-il rien à un pareil spectacle ? — Mettez votre main là, dit le prince, en portant à son cœur celle de son épouse. — Oh ! ton cœur bat bien fort ! vas, tu es sensible, et je suis contente de toi.

LXXIVe LECTURE.

HISTOIRE D'UN REVENANT.

La frayeur est ingénieuse à créer des fantômes : on s'imagine en voir, on dit même qu'on en a vu ; l'histoire vole de bouche en bouche, souvent on la brode, et plus elle est absurde, plus il semble qu'on prenne plaisir à l'adopter, Les hommes faibles et superstitieux ne manquent pas de s'en faire une égide. Combien de fables l'ignorance et la crédulité n'ont-elles pas fait parvenir jusqu'à nous.

Vordac, dans ses mémoires, raconte qu'étant à Plaisance, ville d'Italie, il alla dans une hôtellerie dont le maître avait perdu sa mère la nuit précédente.

Cet homme ayant envoyé un de ses domestiques pour chercher quelques linges dans la chambre de la défunte, celui-ci revint hors d'haleine, en criant qu'il avait vu sa dame, qu'elle était revenue et couchée dans son lit. Un autre valet fit l'intrépide, y alla, et confirma la même chose.

Le maître du logis voulut y aller à son tour, et se fit accompagner de sa servante; un moment après il descendit, et cria à ceux qui logeaient chez lui : « Oui, messieurs, c'est ma pauvre mère, Etienne, Anne, je l'ai vue, mais je n'ai pas eû le courage de lui parler. »

Vordac prit un flambeau, en adressant la parole à un ecclésiastique qui était de la compagnie : « Allons, monsieur. » — Je le veux bien répondit l'abbé. Toute la maison voulut être de la partie. On le suivit, on entra dans la chambre, on tira les rideaux du lit. Vordac aperçut la figure d'une vieille femme noire et ridée, assez bien coiffée et qui faisait des grimaces ridicules.

On dit au maître de la maison d'approcher pour voir si c'était sa mère. « Oui, c'est elle. Ah ! ma pauvre mère ! » Les valets crièrent de même que c'était leur maîtresse.

Vordac dit alors à l'ecclésiastique : « Vous êtes prêtre, interrogez l'esprit. » Le prêtre s'avança, interrogea la morte, et lui jeta de l'eau bénite sur le visage. L'esprit, se sentant mouillé, sauta sur la tête de l'abbé et le mordit; alors tout le monde s'enfuit.

L'esprit et l'ecclésiastique se débattent ensemble, la coiffure tombe, et Vordac voit que c'était un singe.

Ce singe ayant vu souvent sa maîtresse se coiffer d'une certaine manière, avait mis sa coiffure, et s'était ensuite couché sur le lit où elle reposait.

Tel est plus ou moins le fond de toutes les histoires des prétendus revenants : le dénouement est à peu près le même. Si on avait la force de les réduire toutes à leur juste valeur, les femmes, les enfants, et les cinq sixièmes des hommes seraient exempts des frayeurs puériles qui consument la moitié de leur vie.

LXXVe LECTURE.

RÉSUMÉ INDUSTRIEL.

Mes enfants, vous tous qui aimez le sucre, vous ignorez peut-être sa nature : on le fait avec divers végétaux tels que canne à sucre, bette-rave, raisin et fruits de toutes espèces. Le papier à écrire se fait avec des chiffons blancs en toile ou en coton; le papier d'emballage, avec des chiffons de couleur, de la corde, et de la paille.

La *soie* est produite par de petits insectes fort industrieux nommés vers-à-soie; le *miel*, par les abeilles; le *lait*, par les vaches, les chèvres, les brebis; les *plumes à écrire* se font avec de l'acier; l'*ivoire* provient des dents des éléphants; la *nacre*, des coquillages; l'*écaille*, de l'enveloppe de la tortue; le *parchemin* est de la peau de mouton préparée; le *cuir* de la peau de bœuf; le *fromage* se fait avec du lait de vache, de brebis, de chèvre, etc.; la *colle forte* avec des pieds, des tendons, des nerfs, des cartilages, des rognures de peaux de bœufs; les *chandelles* se fabriquent avec du suif, et le suif est la graisse du mouton; les *bougies* sont faites avec de la cire, et nous venons de voir que la cire est le produit des abeilles.

LXXVIe LECTURE.

HISTOIRE SUR MARIE-THÉRÈSE, IMPÉRATRICE.

La bienfaisance et l'humanité sont des vertus héréditaires dans l'auguste maison d'Autriche: c'est Marie-Thérèse qui a formé elle-même le cœur de ses enfants, qui ont hérité de ses vertus.

Quel exemple d'humanité, de bienfaisance et de bonté ne leur donna-t-elle pas, lorsqu'étant à Luxembourg, elle y reçut un message de la part d'une femme âgée de cent huit ans, qui, pendant plusieurs années, n'avait pas manqué de se présenter le jour du Jeudi-Saint, pour être au nombre des pauvres auxquels S. M. I. et R. lavait les pieds! depuis deux ans ses infirmités l'avaient empêchée de se rendre au palais; elle fit dire à l'impératrice qu'elle avait le plus vif regret de n'avoir pu se trouver à cette pieuse cérémonie, non à cause de l'honneur qu'elle aurait reçu, mais parce qu'elle avait été privée du bonheur de voir une souveraine adorée. L'impératrice-reine, touchée du message et des sentiments de cette bonne femme, se rendit elle-même dans le village qu'elle habitait : elle ne dédaigna pas d'entrer dans une misérable cabane ; elle l'y trouva sur un grabat, où la retenaient ses infirmités, compagnes inséparables de l'âge. « Vous regrettez de ne m'avoir pas vue, lui dit avec bonté cette généreuse princesse ; consolez-vous, ma bonne, je viens vous voir. »

LXXVIIe LECTURE.

LA DERNIÈRE EXPÉDITION EN CHINE.

Un jeune officier de l'expédition de Chine a écrit à l'un de ses anciens camarades de Saint-Cyr une fort curieuse lettre dont celui-ci veut bien nous communiquer l'extrait suivant :

« Maintenant, cher Adolphe, quelques

mots encore sur les mœurs militaires de ce peuple énigmatique, de cette nation qui est toujours restée enfant, ou qui est si vieille, qu'elle est tombée dans l'enfance. Tu croiras à peine ce que tu vas lire ; non, tu ne le croiras pas; et pourtant l'interprète m'a juré n'avoir ajouté ni une phrase, ni un mot, ni une tournure quelconque à la traduction ci-jointe. C'est une espèce d'ordre du jour trouvé dans un faubourg de Canton après le bombardement de cette vaste cité commerciale. Cet ordre du jour ou ce règlement militaire est imprimé sur une grande feuille de papier jaune, encadrée dans une large bande d'azur et entourée de toutes sortes d'attributs guerriers, plus hideux, plus majestueux les uns que les autres. Le tableau vaut la bordure. Mais lis, lis ! — Cependant, encore un mot d'explication. — L'auteur de ce chef-d'œuvre chinois *de la plus haute chinoiserie*, comme eût dit Rabelais, est un mandarin militaire, au globule d'or et à la plume de paon, qui indique, enjoint, impose à ses subordonnés le régime qu'il importe de suivre quelques jours avant de livrer bataille aux ennemis, pour avoir un succès certain sur eux. Les ennemis, c'était nous, les I, c'est-à-dire les barbares.

« *Ceci est commandé aux Braves, par moi, mandarin, le chef des braves. Qu'on tremble et qu'on m'obéisse !*

« Treize jours avant la bataille, les braves mangeront de la gelée de tigre, afin d'avoir en eux la colère, la rage et la férocité des tigres.

« Le douzième jour avant la bataille, les braves mangeront du foie de lion rôti, afin de posséder, par cette absorption, l'intrépidité naturelle du lion.

« Le onzième jour avant la bataille, les braves prendront du coulis de serpent, afin d'acquérir la finesse de ce reptile.

« Le dixième jour avant la bataille, les braves mangeront de la crême de caméléon, afin d'éblouir les ennemis en changeant constamment de couleur et d'aspect.

« Le neuvième jour avant la bataille, les braves prendront du bouillon de crocodile, afin de pouvoir poursuivre l'ennemi dans l'eau comme sur la terre, à l'instar des crocodiles, qui se battent dans l'un comme dans l'autre élément.

« Le huitième jour avant la bataille, les braves mangeront de la rate de jaguar, délavée dans du vin, afin qu'ils se jettent sur l'ennemi avec la rapidité et la furie du jaguar.

« Le septième jour avant la bataille, les braves mangeront des têtes de milan, afin d'être doués, pour découvrir de loin l'ennemi, de la vue incomparable de cet oiseau de proie.

« Le sixième jour avant la bataille, les braves mangeront des intestins d'hémione (espèce d'âne zébré) pour se donner le cri terrible de ce quadrupède.

« Le cinquième jour avant la bataille, les braves mangeront des cervelles d'hippopotame, afin de communiquer à leur peau la dureté de cet amphibie impénétrable aux balles.

« Le quatrième jour avant la bataille, les braves mangeront des râbles de singes, afin de grimper à l'assaut avec la vélocité de ce rapide quadrumane.

« Le troisième jour avant la bataille, les braves mangeront un plat de scorpions, afin que toutes les blessures qu'ils feront soient venimeuses et mortelles comme les piqûres de scorpion.

« La veille de la bataille, les braves mangeront de la poitrine de panthère à demi-saignante, afin d'être impitoyables à l'ennemi comme la panthère.

« Le matin même de la bataille, les braves boiront une tasse de sang de léopard, afin de ne jamais se retourner en déchirant l'ennemi, ce qui est la vertu caractéristique du léopard.

— « Tremblez et obéissez ! »

» Tu as lu, cher Adolphe, et tu sais comme moi ce qui est arrivé. Les braves ont fui devant nos balles, sans respect pour les côtelettes de léopard, les rognons de tigre et les foies de lion qu'ils avaient digérés. Comme j'en faisais l'observation à un prisonnier chinois, celui-ci me répondit tout en continuant de fumer sa pipe d'opium :

» Que voulez-vous, le Chinois est rusé, très fin, surtout très voleur. Il est probable que le cuisinier chargé de nourrir les braves avec de la chair de panthère et de tigre, leur aura frauduleusement fait manger, pour augmenter ses profits, du veau, du simple veau : et voilà comment ils ont eu peur! »

» Admirable! sublime! sauver ainsi l'amour-propre national m'a semblé un trait qui valait la peine d'être conservé. Je te l'envoie. Que ne puis-je t'envoyer aussi, pour te mettre à même de renouveler l'essai, quelques quartiers de jaguar ou de lion! Tu en adresserais des portions à messieurs tels et tels, afin de t'assurer si le régime a de meilleurs résultats en Europe qu'en Chine.

» Bien à toi. L. »

LXXVIIIe LECTURE.

ASTRONOMIE. POINTS CARDINAUX.

Mes enfants, quand vous vous trouvez sur un lieu élevé, il vous semble que votre vue est bornée par un grand cercle; c'est un cercle que l'on appelle horizon visible, dont vous avez entendu parler quelquefois.

On appelle points cardinaux, quatre points supposés, qui partagent le cercle de l'horizon en quatre parties égales. Voici comment on les nomme :

Le Nord ou Septentrion ;
Le Sud ou Midi ;
L'Est, Orient ou Levant ;
L'ouest, Occident ou Couchant.

Le Levant est l'endroit où le soleil semble se lever.

Le Couchant est le côté où le soleil semble se coucher ; il est opposé au levant.

Le Nord est la partie qui se présente à nos yeux, lorsque nous avons le levant à notre droite, et le couchant à notre gauche.

Le Sud est le point opposé au Nord.

Il est très facile de trouver les points cardinaux. Le matin tournez-vous du côté du soleil levant, vous avez l'Est devant vous, l'Ouest derrière vous, le Nord à votre gauche et le Sud à votre droite.

LXXIXe LECTURE.

ANECDOTE ITALIENNE.

Charles, duc de Calabre, en Italie, rendait journellement la justice à Naples, assisté de ses ministres et de ses conseillers, qu'il assemblait dans son palais ; et dans la crainte que les gardes ne fissent pas entrer les pauvres, il avait fait placer dans le tribunal même une sonnette, dont le cordon pendait hors de la première enceinte. Un vieux cheval, abandonné de son maître, vint se gratter contre le mur, et fit sonner. Qu'on ouvre, dit le prince, et faites entrer qui que ce soit. Ce n'est qu'un cheval du seigneur Capèce, dit le garde en rentrant; et toute l'assemblée d'éclater.... « Vous riez, dit le prince.... Sachez que l'exacte justice étend ses soins jusque sur les animaux... Qu'on appelle Capèce.. Qu'est-ce que ce cheval que vous laissez errer ? lui demanda le duc» « Ah ! mon prince, reprit le cavalier, ça a été un fier animal dans son temps, il a fait vingt campagnes sous moi; mais enfin il est hors de service, je ne suis pas d'avis de le nourrir à pure perte.—Le roi, mon père, vous a cependant bien récompensé. — Il est vrai, j'ai été comblé de bienfaits.— Et vous ne daignez pas nourrir ce généreux animal, qui a eu tant de part à vos services ! Allez de ce pas lui donner une place dans vos écuries; qu'il soit traité à l'égal de vos autres animaux domestiques, sans quoi je ne vous tiens plus vous-même comme loyal chevalier, et je vous retire mes bonnes grâces.

LXXXe LECTURE.

SAINT LAZARE, PATRON DU DIOCÈSE D'AUTUN.

L'insigne cathédrale d'Autun possède l'un des plus précieux trésors de la chrétienté : le corps de saint Lazare, l'ami de notre Seigneur Jésus-Christ, l'objet de son plus grand miracle, si on excepte sa propre résurrection. Personne n'ignore qu'il fut évêque de Marseille et mourut martyr. L'heureuse église qui l'avait eu pour premier pasteur déposa ses dépouilles mortelles dans des cryptes où il avait coutume de célébrer les saints mystères, afin de se dérober à la persécution, et sur lesquelles fut bâtie, plus tard, l'abbaye de Saint-Victor.

Vers le neuvième siècle, alors que les princes bourguignons régnaient en Provence et s'efforçaient de la soustraire aux ravages et aux déprédations des Sarrasins, son corps fut apporté à Autun, de peur qu'il ne tombât entre les mains des Barbares. Déposé d'abord dans l'antique cathédrale de Saint-Nazaire et de Saint-Celse, il y fut vénéré par le clergé et les fidèles jusqu'au milieu du douzième siècle.

LXXXIe LECTURE.

MORT DE CLODOMIR.

Ceux d'entre vous, enfants, qui ont appris un peu d'histoire de France, se rappellent bien sans doute qu'après la mort de Clodomir, ses deux frères Childebert et Clotaire, pour s'emparer de ses états, eurent la barbarie d'égorger ses fils, leurs neveux ; mais vous ne connaissez peut-être pas les circonstances dans lesquelles eut lieu la mort de l'infortuné Clodomir.

Ce prince avait vaincu les Bourguignons et fait prisonniers leur roi Sigismond, sa femme et ses enfants. Mais Gondemar, frère de Sigismond, parvint à rendre le courage aux Bourguignons, et reconquit son royaume. Clodomir et Thierry, son frère, s'unirent pour combattre le nouveau roi de Bourgogne. Tous deux livrèrent bataille à Gondemar, près de Véséronce sur le Rhône. Les Bourguignons plièrent encore : Clodomir s'acharnant à leur poursuite, s'aperçut trop tard qu'il était séparé des siens. Alors plusieurs cavaliers ennemis qui l'avaient reconnu à sa longue chevelure, poussèrent son cri de combat, et l'appelèrent en lui disant : *Viens, viens par ici, nous sommes des tiens !* Il s'avança vers eux et ne reconnut sa méprise qu'au moment où ils l'environnèrent. Les Bourguignons le massacrèrent sans miséricorde, puis Gondemar lui fit couper la tête et commanda qu'on la plantât au bout d'une pique pour donner du cœur à ses guerriers.

LXXXIIe LECTURE.

HISTOIRE DE SAINT ÉLOI.

Clotaire II voulant avoir une chaise ornée d'or et de pierreries, ne trouva aucun de ses ouvriers qui pût s'en former une idée semblable à la sienne et l'exécuter. Bonbon, son trésorier, ne balança pas à dire au roi qu'il avait trouvé l'homme que S. M. cherchait : sur son témoignage, le roi fit donner à Eloi la quantité d'or et de pierreries qu'on jugea nécessaire. Eloi aussitôt se mit à l'ouvrage, et, bientôt après au lieu d'une chaise qu'on attendait, il en présenta deux au roi. A la vue de la première, Clotaire admira fort son industrie et sa dextérité; mais il admira beaucoup plus sa fidélité, quand il vit la seconde. Ayant reconnu dans l'ouvrier autant d'esprit que d'adresse et de désintéressement, il crut devoir l'attacher à son service; il le retint donc à la cour, lui donna dès-lors une grande part de sa confiance, le logea dans son palais et se faisait un plaisir singulier d'aller l'y voir travailler.

Plus Clotaire voyait Eloi, plus il était charmé de ses belles qualités, et plus il estimait sa vertu; croyant qu'un homme d'une si rare probité était propre à toute autre chose qu'à façonner les métaux, il résolut de l'employer aux affaires de l'Etat. Pour se l'attacher plus fortement, il lui proposa de prêter le serment de fidélité ordinaire sur les reliques. Eloi, assuré des dispositions de son cœur, promettait bien de demeurer fidèle; mais craignant de jurer en cette occasion, sans nécessité, contre la défense de Jésus-Christ, il ne pouvait se résoudre à faire le serment que le prince exigeait. Clotaire, ne sachant à quoi attribuer ce refus, insista à demander le serment; Eloi s'en défendit avec toute l'humilité possible, et tâcha de justifier sa répugnance à jurer. Le roi ne recevant pas ses excuses, l'en pressa encore davantage, et témoigna être choqué de sa résistance. Alors Eloi, appréhendant d'offenser Dieu ou de déplaire au roi, ne put s'empêcher de verser des larmes. Le prince s'en aperçut, et lui dit que cette délicatesse de conscience l'assurait plus de sa fidélité que tous les serments qu'il eût pu faire.

LXXXIIIe LECTURE.

RÉFLEXION.

L'infidélité des ouvriers est cause qu'on se méfie d'eux: qu'ils travaillent avec fidélité, qu'ils emploient en conscience les matières qu'on leur met entre les mains, ils ne manqueront jamais d'ouvrage. La facilité avec laquelle les ouvriers et les marchands font des serments augmente plutôt la méfiance qu'elle n'assure la confiance. Oui et non, doivent être l'assurance de la vérité qu'un chrétien affirme. La meilleure manière d'honorer le serment est de ne s'en servir ni fréquemment, ni indiscrètement, mais uniquement dans les rencontres nécessaires et très importantes. Le serment pour être légitime, doit, selon le prophète Jérémie, avoir ces trois qualités : d'être fait dans la vérité, dans le jugement et dans la justice. *Jurabis in veritate, et in judicio, et in justitiâ.*

Comment ne tremble-t-on pas, quand on prend Dieu à témoin d'une chose ou fausse ou dont on n'est pas assuré ? Il faut avoir perdu sa religion et sa conscience. La délicatesse des païens à l'égard des serments fait la honte des chrétiens : quelques-uns d'entre eux auraient cru non-seulement déshonorer la majesté divine en jurant légèrement, mais même en employant le nom de Dieu dans les conversations et dans les discours familiers.

LXXXIVe LECTURE.

CONVERSATION SUR L'ASTRONOMIE.

Pierre. — Le temps est admirable, ce soir on distingue facilement de nombreux groupes d'étoiles, et nous pourrons continuer les observations que nous avons commencées hier.

Charles. — Tu nous as promis, Pierre, de

nous dire les noms de plusieurs de ces belles étoiles si brillantes et de nous enseigner à découvrir, dans le ciel, la place qu'elles occupent parmi tant d'autres.

PIERRE. — Et c'est pour vous tenir parole que je vous ai amenés ici ce soir, un peu plus tard que de coutume ; car c'est vers neuf heures qu'on peut apercevoir un plus grand nombre d'étoiles.... Tenez, remarquez-vous, enfants, ces quatre étoiles si brillantes, disposées comme les roues d'un chariot, et les trois autres qui semblent attelées comme des chevaux, et dessinent une ligne courbe ?

CHARLES. — Je les vois bien, moi, comme elles sont plus grosses et plus belles que toutes celles qui les entourent !

PIERRE. — La réunion de ces sept étoiles forme une constellation ou groupe, que l'on appelle la grande *Ourse*, connue aussi sous le nom de *Chariot-de-David*. Si, des deux étoiles qui semblent former les roues de derrière, on porte le regard en droite ligne, on arrive juste à *l'étoile polaire*, qui est la dernière de la queue de la *petite Ourse*, autre groupe assez semblable au premier, avec cette différence seulement, qu'il est disposé en sens inverse et que les étoiles ont moins d'éclat.... Suivez bien la direction de mon doig... là! Apercevez-vous la *petite Ourse*, voyez-vous cette dernière étoile ? C'est l'*étoile polaire*.

HENRI. — Oui, oui, je la vois, elle est également bien brillante.

JACQUES. — Je la vois aussi, moi ; mais dis-nous donc, Pierre qui t'a appris toutes ces choses que tu nous enseignes là ?

PIERRE. — Je te l'ai dit, c'est dans le livre que je t'ai fait voir et que nous avons lu ensemble ; je n'ai pas compris tout de suite, mais je ne me suis pas découragé. Vingt fois j'ai lu et relu des explications qui me paraissaient peu claires, et que je comprends très bien maintenant. Oh ! si mon père était assez riche pour m'envoyer aux écoles, comme j'étudierais de bon cœur ! Que de choses je voudrais connaître ! Que j'aimerais devenir savant !

CHARLES. — Quant à moi, je me soucie fort peu de devenir savant... A quoi, par exemple, pourra jamais nous servir de savoir distinguer l'*étoile polaire* ?

PIERRE. — Cela pourra nous être très utile. Je suppose que l'un de nous soit égaré, la nuit, loin du lieu que nous habitons. Ne pourra-t-il pas très bien s'orienter s'il s'ait reconnaître l'*étoile polaire*, qui se trouve au *Nord* ? et une fois le *Nord* connu, il découvrira facilement les autres points cardinaux, le *midi*, le *levant* et le *couchant*, ce qui lui procurera le moyen de diriger sûrement sa marche et de retrouver le lieu qu'il cherche.

LXXXVe LECTURE.

SUITE DE L'ASTRONOMIE.

JACQUES. — Voyez donc, voyez donc comme le ciel s'est couvert de gros nuages, depuis que nous sommes là à causer, et comme la lune court vite !

Pierre. — Ce n'est pas la lune que tu vois marcher, mon cher, ce sont les nuages qui passent par dessus.

Charles, Henri et Jacques. — Oh! par exemple, c'est bien la lune qui marche, je la vois distinctement courir.

Pierre. — Je vais vous convaincre du contraire : Approchez tous ici, allons ensemble sous le gros tilleul.... bien ! Regardez fixement la lune entre ces deux petites branches dont les feuilles, arrondies de chaque côté, forment, au milieu, une trouée qui nous laisse apercevoir le ciel.... Ne remarquez-vous pas que la lune seule paraît toujours entre ces mêmes feuilles tandis que les nuages passent et se dérobent à notre vue!

Les trois enfants. — C'est vrai ! Pierre à raison, les nuages courent par dessus la lune, et nous croyions que c'était la lune qui marchait.

Cet enfant, qui donnait ainsi des leçons d'astronomie à ses trois camarades, était le fils d'un brave laboureur, propriétaire de quelques sillons de champ qu'il cultivait avec le plus grand soin. Gassendi père, quoique dépourvu d'éducation, désirait cependant que son petit Pierre pût acquérir des connaissances, et il s'imposa de grands sacrifices pour lui faire donner de l'instruction. Il désirait que son fils pût être, quelque jour, un brave curé de campagne, prêchant et faisant aimer la vertu, plus par ses exemples que par ses discours. L'enfant semblait, en quelque sorte, s'y préparer dès l'âge de quatre ans, en déclamant de petits sermons qu'on lui faisait apprendre par cœur. Un autre goût se développa bientôt en lui : la vue du ciel et des astres qui y sont dispersés, lui fit vivement désirer de connaître les lois qui maintiennent ces grands corps dans une harmonie si admirable ; il s'appliqua surtout aux mathématiques et à l'astronomie. Son cœur, naturellement reconnaissant, comprenait très bién tout ce qu'il devait de gratitude et d'amour à ses bons parents qui s'imposaient de rudes sacrifices pour subvenir aux frais de son éducation. Aussi était-ce surtout pour leur préparer une douce récompense qu'il travaillait avec tant d'ardeur. Saisissant avec empressement toutes les occasions de s'instruire, il s'adressait souvent à ses maîtres dont il avait su gagner l'estime et l'amitié, par sa docilité et son application, lesquels se faisaient un véritable plaisir de lui fournir toutes les explications qui pouvaient lui être utiles. Son travail et sa persévérance le conduisirent à de grands succès. Il n'avait que seize ans lorsqu'il obtint au concours, une chaire de rhétorique à Dignes. Plus tard il fut appelé à l'Université d'Aix pour y professer la théologie et la philosophie. Enfin, en 1645, Gassendi était professeur au collége royal à Paris.

LXXXVIe LECTURE.

HISTOIRE D'UN JEUNE BOSSU.

Un jeune homme qui avait le malheur d'être

bossu, sentant que cette difformité pourrait lui attirer bien des railleries, saisissait avec empressement toutes les occasions qu'il avait de dire lui-même quelque mot plaisant sur sa bosse. Un jour qu'on lui proposait de faire une partie de jeu avec d'autres jeunes gens : Je la ferais bien volontiers, dit-il, si je ne devais jouer que pour mon compte ; mais je ne puis me résoudre à faire perdre ceux qui seraient associés avec moi. Eh ! pourquoi donc, lui dit-on, les feriez-vous perdre ? Pourquoi ? répliqua-t-il, aussitôt en riant et en portant la main vers sa bosse ; c'est que depuis longtemps, comme vous le voyez, il a plu à la fortune de me tourner le dos.

Cette plaisanterie fit rire tout le monde ! On voulut absolument que le jeune homme fût de la partie, et bien loin de se permettre la moindre raillerie sur sa difformité, il n'y eut personne dans la compagnie qui n'applaudît à son esprit et à son aimable gaieté.

Si vous voulez, comme lui, vour mettre à l'abri des traits de raillerie, tâchez de désarmer les railleurs par votre politesse et votre bonne humeur. Cette leçon est plus importante que vous ne pensez.

Il y aura mille occasions où, soit pour s'amuser, soit pour éprouver votre caractère, on vous attaquera sur certains défauts réels ou supposés. Si vous ne répondez pas à ces badinages avec un air gracieux et un ton poli, on vous regardera dans le monde comme un homme insociable et sans éducation, et votre impolitesse pourrait même avoir pour vous des suites encore plus fâcheuses.

LXXXVIIe LECTURE.

BEAU TRAIT DE COURAGE.

« Le 27 décembre 1786, plusieurs enfants jouaient au bas de la pièce des Suisses dans les jardins de Versailles. Trois d'entre eux s'étaient avancés sur le canal, qui était entièrement glacé; la glace rompit sous leurs pieds, et ils tombèrent d'ans l'eau. Un jeune garçon cordonnier, nommé Joseph Chrétien, âgé de dix-sept ans, fut attiré vers le bord du canal par les cris de l'un d'entre eux, qui, sachant nager, soutenait sa tête hors de l'eau. Son premier mouvement fut d'aller à leur secours; mais ayant tâté la glace, il crut d'abord que la tentative ne pourrait que lui être funeste sans espérance de succès pour les autres. Cependant ne pouvant plus résister à l'impression que faisait sur lui la situation de ces jeunes infortunés et aux cris déchirants qui invoquaient son secours, il n'hésita plus. Après s'être mis à genoux et avoir fait le signe de la croix, il se précipita dans l'eau glacée, et ce ne fut qu'avec beaucoup de peine, qu'il parvint à les ramener successivement au bord, à travers un chemin qu'il se frayait, en brisant la glace d'une main, tandis qu'il soutenait un enfant de l'autre.

« M. le baron de Breteuil, ministre et secrétaire d'Etat, ayant le département de la maison du roi, rendit compte de ces circonstances à sa majesté, qui ordonna qu'on frapperait une médaille en or de la valeur de 1,000 francs, laquelle serait remise à Joseph Chrétien, en l'autorisant à la porter constamment à sa boutonnière. Ce fut une distinction qui, en rappelant aux autres la belle action qui la lui avait méritée, fut en même temps pour lui un avertissement continuel de ne jamais rien faire qui démentisse cet honorable commencement de sa vie »

« La médaille qu'on grava représentait d'un côté l'effigie de Louis XVI, et de l'autre cette inscription française :

Le roi à décoré de cette Médaille Joseph Chrétien, natif de Versailles, âgé de 17 ans, qui s'est courageusement précipité sous la glace, et en a retiré trois enfants prés de périr, le 27 décembre 1786.

LXXXVIIIe LECTURE.

HISTOIRE D'UNE MENDIANTE.

Une dame hérita d'un de ses parents qui laissait une grande fortune. Ce parent était le Seigneur d'un village, où il possédait un beau château. Avant de mourir, il recommanda à la dame de faire sur ses biens une pension de cent écus à la famille la plus charitable du village.

Au bout de quelque temps la dame fit annoncer qu'elle allait venir prendre possession du château. Deux jours avant celui qu'elle avait fixé, l'on vit dans le village une pauvresse étrangère qui allait de porte en porte, demander l'aumône. Dans la plupart des maisons, on lui répondait durement que le pain était cher, et qu'il n'y en avait pas de trop. Dans d'autres, tout en la rudoyant, on lui donnait quelque liard ou quelque morceau de pain moisi, quelque pomme à moitié gâtée. Enfin, elle arriva près d'une cabane habitée par un paysan, sa femme et leur petit enfant. Comme la pauvresse grelottait de froid et qu'elle avait la figure et les mains toutes violettes, tant elle souffrait de la rigueur de la saison, le paysan, sitôt qu'il la vit à sa porte, lui dit d'entrer et de se chauffer à son feu. Puis il lui versa un verre de vin, sa femme lui coupa un morceau de pain qu'elle avait chez elle, et le lui donna, avec une tranche de jambon. Le petit enfant aussi se montra charitable et lui offrit la moitié d'un morceau de galette que sa mère venait de lui donner. La pauvresse s'en alla en les bénissant.

LXXXIXe LECTURE.

SUITE DE LA MENDIANTE.

Le surlendemain, l'on apprit que la dame du château venait d'arriver, et les habitants du village furent invités par elle à dîner. On les introduisit dans une salle à manger où il y avait une grande et une petite table. Celle-ci était couverte des mets les plus exquis; sur la grande il y avait beaucoup d'assiettes couvertes.

La dame fit placer à cette table tous les gens du village, à l'exception de la famille qui avait secouru la mendiante; puis elle dit :

— Mon parent qui m'a laissé ce château, m'a ordonné de faire une rente de cent écus au plus charitable d'entre vous. Pour pouvoir remplir ses volontés, j'ai voulu vous éprouver. C'est moi qui, avant-hier, ai parcouru le village sous l'habit d'une pauvresse. Chacun de vous peut se rendre justice, et se dire s'il m'a bien accueillie. Je n'ai trouvé de charitables que ce pauvre homme, sa femme et son fils ; aussi auront-ils la rente de cent écus tant que l'un d'eux vivra. Je leur dois aussi un dîner : qu'ils se mettent avec moi à cette table, je vais le leur rendre le mieux qu'il me sera possible. Quant à vous autres, vous trouverez sur vos assiettes la juste récompense de ce que vous m'avez donné : vous pouvez lever les couvercles.

Les paysans n'étaient pas fort satisfaits de ce discours; ils le furent encore moins de ce qu'ils trouvèrent devant eux. Ceux qui n'avaient rien donné virent leurs assiettes absolument vides; les autres trouvèrent l'objet même qu'ils avaient remis à la pauvresse : l'un une croûte de pain, l'autre une pomme pourrie, l'autre un mauvais liard. Enfin un méchant petit garçon qui avait jeté à la pauvresse l'os qu'il rongeait trouva cet os qu'elle avait ramassé. La dame, après s'être amusée de leur surprise, ajouta :

— N'oubliez pas que vous serez ainsi récompensés dans l'autre monde.

XC^e LECTURE.

LE FER ET LA FONTE.

Le fer est le plus précieux de tous les métaux, parce que c'est celui qui se prête le mieux à tous les usages de l'industrie.

Sa grande dureté, sa tenacité, la faculté qu'il possède de se ramollir au feu bien avant de se fondre, permet de le travailler au marteau et de lui donner toutes les formes possibles.

On trouve des mines de fer dans la Suède et la Norvège, en Angleterre, en France, dans le Berry, dans le département de la Nièvre, et dans celui de Saône-et-Loire.

Pour extraire le fer des minerais, on commence par les concasser, puis on opère un lavage destiné à enlever une partie des matières terreuses, argileuses, siliceuses ou calcaires, qui les accompagnent. On les soumet à l'action d'un corps qui puisse enlever l'oxygène et mettre le fer à nu : ce corps, c'est le charbon de bois ou la houille, suivant que les localités fournissent plus facilement l'un ou l'autre. L'opération se fait dans de grands fourneaux de forme particulière, appelés *hauts-fourneaux*. Sous l'influence de la haute température qui y règne, l'enveloppe terreuse du minerai est fondue par un excès de chaux qu'on a soin d'y mêler, et forme le *laitier*, appelé aussi *scorie*; en même temps, le charbon met le fer en liberté et, s'unissant à lui en très petite proportion, le rend plus fusible. Le métal coule alors, à l'état de fonte, dans la partie basse du haut fourneau, et de là, dans des rigoles creusées dans le sable.

La fonte s'emploie à une multitude de moulages plus ou moins délicats ; elle contient cinq à six pour cent de carbone.

Pour en tirer le fer pur, on la soumet à l'affinage, opération qui consiste à la chauffer fortement sous un vif courant d'air qui brûle le charbon. On bat ensuite le fer avec de puissants marteaux pour le forger et lui donner du corps, en chassant les scories dont il est imprégné ; puis on en fait des rails, des locomotives pour les chemins de fer, des machines fixes et de très grandes machines pour les vaisseaux de guerre.

Pour se rendre un compte exact de toutes ces transformations, il faudrait visiter les grandes usines du Creusot qui occupent plus de huit à dix mille ouvriers; c'est le plus grand établissement métallurgique du monde entier.

XCI^e LECTURE.

UN MÉCHANT ENFANT.

Un enfant qui n'avait encore que dix ou onze ans, mais qui était déjà fort méchant, se trouvant à la campagne avec son père, et ne sachant à quoi s'y amuser, chercha à se faire un jouet de tous les petits bergers du village, qu'il avait soin de rassembler autour de lui. Après les avoir attrapés de toute manière, après leur avoir fait mille et mille malices, il imagina de les atteler tour-à-tour à un petit char qu'il avait, et de le leur faire traîner. Les jeunes villageois n'osèrent lui résister, parce qu'outre le titre de monsieur dont il était décoré, il leur parlait avec un ton d'empire et de menace qui les intimidait. Ils se laissèrent donc mettre au timon du char que tirait auparavant Médor, gros dogue qui était parfaitement au fait de l'exercice. Mais comme les pauvres petits bergers, que monsieur appelait ses chevaux à deux pieds, n'étaient ni aussi agiles, ni aussi adroits que le gros chien qui en avait quatre, le cruel cocher les piquait, les grondait, les réprimandait, et, quand il voyait que ses paroles ne servaient de rien, il finissait par leur donner de grands coups de fouet. Les malheureux avaient beau crier et pleurer : plus ils poussaient de cris, plus ils recevaient de coups ; et tout l'effet que produisaient leurs larmes sur leur conducteur, c'était de le faire rire à gorge déployée.

Cette horrible méchanceté révolta tous les esprits, et ceux qui en avaient été les tristes victimes s'accordèrent tous à en tirer une vengeance éclatante. Ils vinrent donc en grand nombre à l'endroit où monsieur avait fait transporter son char pour y renouveler ses actes de cruauté, et au lieu d'obéir à l'ordre qu'il leur donnait de s'y laisser attacher, ils fondirent tous sur lui, le saisirent, et l'y attachèrent lui même. Quand il y fut, le plus vigoureux des jeunes villageois prit les rênes, et après lui avoir crié inutilement à plusieurs reprises : Allez donc, allez, il se mit à le fouetter d'importance. Les autres enfants en firent autant, et vinrent successivement décharger sur le cheval à deux pieds de grands coups de leurs petits fouets. Monsieur eu beau à son tour crier, on se moqua de lui, comme il s'était moqué des autres ; on ne répondit à ses larmes que par des éclats de rire. Quand on se fut lassé de le frapper, et, qu'on l'eut détaché du timon, il écumait de rage ; mais sentant bien qu'il n'était pas assez fort pour se venger lui-même; il prit le parti d'aller se plaindre à son père, qui, en homme sage et prudent, voulut connaître la véritable cause des mauvais traitements, dont il se plaignait. Il fit venir pour cela les enfants du village, et il leur demanda pourquoi ils s'étaient avisés de traiter son fils d'une si cruelle manière. « Monsieur, lui répondit le plus hardi, c'est que depuis longtemps il nous traitait de même ; et nous ne lui avons pas rendu la centième partie des coups qu'il nous a donnés. Si cela est, reprit le père, comme je n'ai que trop sujet de le croire, je ne puis vous blâmer de vous être fait justice à vous mêmes, et de ne m'avoir pas cru assez équitable pour vous la rendre, en punissant monsieur comme il le méritait. Mais puisque la chose est faite, allez, mes enfants, ne craignez rien, et soyez plus sages que ne l'a été celui que vous venez de punir. Pour vous, ajouta-t-il, en se tournant vers son fils, avec un air grave et sévère, profitez de la juste correction que vous venez de recevoir, et puisque vous avez appris par votre propre expérience, que les méchants portent tôt ou tard la peine de leur méchanceté, souvenez-vous que le seul moyen d'être heureux, c'est d'être bon et humain. »

Le sage père avait raison. Ce n'est que par la bonté que l'on peut se gagner le cœur de ceux avec qui l'on vit. Ce n'est qu'en les aimant qu'on peut réussir à s'en faire aimer. Mais pour leur prouver qu'on les aime, il ne suffit pas de leur faire de vaines protestations d'attachement, il faut surtout les obliger, et sacrifier même quelquefois son intérêt à leur satisfaction.

Ce sont les petits présents qui, selon le proverbe, entretiennent l'amitié. Mais on peut dire aussi que ce sont les refus qui ont coutume de l'affaiblir et de la détruire; parce qu'en ne voulant rien sacrifier, rien céder à ceux qu'on prétend aimer, on leur montre, par sa conduite, qu'on ne les aime pas.

XCII[e] LECTURE.

ANECDOTE DE CHEMIN DE FER.

Deux robustes enfants de l'Auvergne, Tutard et Martial Giraud, exerçant à Périgueux la profession de maçon, prirent dernièrement le parti de se rendre à Paris en chemin de fer, afin de s'y établir. Un seul point les embarrassait; ils ne possédaient à eux deux que 40 fr. : et le prix des places de 3e classe est de 37 fr. par voyageur; dans cette situation ils adoptèrent une résolution héroïque. Il fut décidé que l'un d'eux monterait en wagon, tandis que l'autre prendrait place dans une malle qui serait présentée comme colis de bagage. On tira au sort. Martial Giraud fut le voyageur, Jean Tutard le colis.

Les choses ainsi arrangées, Tutard se blottit tant bien que mal dans la malle de Giraud.

Le colis paya un supplément de quelques francs, il fut enregistré, puis jeté parmi les bagages, et l'on partit.

Arrivé à Paris, Giraud n'eut rien de plus pressé que de réclamer sa malle. Oh ! malheur! elle ne se trouvait pas dans le train.

Après de longues et inutiles recherches, on finit par apprendre le lendemain seulement, que dans un transbordement qui s'était opéré à Tours, la malle avait été dirigée par mégarde sur une autre station. Qu'on juge du désespoir de Giraud. Il songeait aux tortures de son infortuné camarade; Il s'imaginait le voir mourant de faim et implorant le secours de son ami: d'autre part, il n'osait déclarer la vérité aux employés, de crainte d'être poursuivi comme coupable de fraude.

C'est le surlendemain seulement qu'il se décida à parler. On fit jouer le télégraphe, et on sut enfin que la malle se trouvait dans un coin ignoré d'une gare voisine de Nantes, sans aucune adresse, car Giraud avait oublié cette formalité. La malle fut ouverte. Il était temps. Le malheureux Tutard en fut retiré vivant, mais réduit presque à l'état de squelette. il est probable qu'il lui faudra quelque temps pour se remettre de son état de colis, et reprendre celui de maçon.

XCIII^e LECTURE.

LA TÉLÉGRAPHIE ÉLECTRIQUE.

Il y a en ce moment dans le monde entier 147,573 kilomètres de lignes télégraphiques, soit construites, soit en cours d'exécution. L'europe compte 60,993 kilomètres; les Etats-Unis, 53,107; l'Inde, 8,016; l'Amérique du sud, 24,109. Pour compléter le premier nombre, il faut ajouter, tant pour l'Europe que pour l'Amérique, 1348 kilomètres de câbles sous-marins Cette longueur est accrue de 24,430 kilomètres maintenant le câble transatlantique est posé.

Le discours prononcé par l'Empereur des Français, à l'ouverture de la session législative dans la journée du 18 janvier 1859, à Paris, a été transmis par le télégraphe électrique à Alger, et imprimé et affiché dans cette ville le 19 janvier au matin. C'est là un véritable phénomène de célérité; mais, pour bien comprendre tous les progrès que la science nous a fait faire, il faut comparer le présent avec le passé :

« A tout instant, dit le *Moniteur universel* auquel nous empruntons les curieux renseignements qui suivent, à tout instant nous nous extasions sur la rapidité avec laquelle, maintenant, les nouvelles se propagent et se répandent, grâce à la vapeur et à l'électricité. Il est intéressant, ainsi qu'on va le voir, de mettre en regard ce qui se passe aujourd'hui avec ce qui se passait autrefois.

» La guerre que les Anglais ont soutenue dans l'Inde a fourni à l'activité humaine un motif puissant de prouver toutes les ressources qu'elle peut mettre à la disposition de l'anxiété et de la curiosité publiques.

» Pendant la guerre de Crimée, on avait déjà eu un échantillon de célérité assez remarquable :

» Alors que la France assiégeait Sébastopol, une dépêche pouvait être transmise en treize heures du camp français à Paris, grâce au fil du télégraphe électrique qui s'étendait de Paris en Crimée et qui n'interrompait son cours qu'à divers intervalles, qui, réunis ensemble, pouvaient être franchis en douze heures par des courriers. La distance était de 900 lieues.»

XCIVe LECTURE.

SUITE DE LA TÉLÉGRAPHIE ÉLECTRIQUE.

« En ce moment, on reçoit à Londres des nouvelles de l'Inde en vingt-cinq jours. La distance est d'environ 5,000 lieues. Voici comment les dépêches sont transmises. Un bateau à vapeur va de Calcutta à Suez, en vingt-quatre jours. Lorsqu'il arrive à Suez, le consul anglais transmet par le fil électrique le sommaire laconique des rapports apportés par le bateau à vapeur. Cette dépêche va de Suez à Alexandrie, d'Alexandrie à Malte, par un fil sous-marin, de Malte à l'île de Sardaigne par un autre fil sous-marin, de l'île de Sardaigne à Alger par un troisième fil sous-marin, d'Alger à Marseille par un quatrième fil sous-marin, de Marseille à Calais par le fil électrique qui longe nos chemins de fer, de Calais à Douvres par un cinquième fil sous-marin, et enfin de Douvres à Londres par le télégraphe électrique. Toutes ces diverses transmissions, depuis Suez, s'éfectuent en quelques heures.

Examinons maintenant avec quelle rapidité, ou plutôt avec quelle lenteur, les nouvelles importantes se transmettaient autrefois. Nous choisirons trois exemples : la nouvelle de la bataille de Fontenoy, celle de la bataille d'Austerlitz et celle de la prise d'Alger.

» La bataille de Fontenoy, gagnée par le roi Louis XV et le maréchal de Saxe sur les Anglais, fut livrée le 11 mai 1745. La nouvelle n'en fut connue à Paris que le 15 mai suivant, c'est-à-dire quatre jours après. Elle était annoncée sans fracas par la *Gazette de France,* qui l'avait perdue à la seconde page, au millieu de faits très insignifiants.

» La bataille d'Austerlitz, livrée le 2 décembre 1805, n'apparut au *Moniteur* que le 12 décembre suivant, c'est-à-dire dix jours après, apportée par le colonel Lebrun, aide de camp de Napoléon 1er. Le rapport détaillé de cette mémorable bataille, qui forme le trentième des bulletins de la grande armée, ne fut publié que quatre jours après, le 16 décembre par le *Moniteur*.

» La prise d'Alger eut lieu le 5 juillet 1830, la nouvelle n'en fut connue à Paris que le 13 juillet au soir.

» Ainsi donc, en 1745, il fallait quatre jours pour connaître le résultat d'une bataille importante livrée à Fontenoy, éloigné seulement de Paris d'environ 75 lieues.

» En 1805, il fallait dix jours pour connaître le résultat d'une bataille livrée à Austerlitz, éloigné de Paris d'environ 400 lieues.

» En 1830 il fallait huit jours pour avoir à Paris des nouvelles d'Alger.

» En 1855, il a suffi de treize heures pour connaître à Paris le résultat du siège de Sébastopol, ville éloignée de Paris d'environ 900 lieues.

» En 1860, il a suffi de vingt-cinq jours pour faire savoir à Londres ce qui se passe dans l'Inde à 5,000 lieues de distance, et de deux heures pour transmettre un discours de quatre pages de Paris à Alger. »

XCV[e] LECTURE.

ROUTES ET CHEMINS DE FER.

Les routes ou grands chemins ont pour destination d'ouvrir des communications dans toutes les parties d'un pays. Elles font communiquer non-seulement toutes villes entre elles, mais même les bourgs et les villages. En France, on classe les routes, d'après leur grandeur, en routes nationales, routes départementales, et chemins vicinaux. Les premières sont entretenues aux frais de l'Etat; Les secondes, par les départements; les troisièmes, par les communes auxquelles ils aboutissent. Les voitures publiques qui voyagent sur les grandes routes s'appellent diligences ou messageries; les rouliers sont les hommes qui conduisent les voitures chargées de marchandises expédiées par les négociants.

Les chemins de fer, routes d'invention nouvelle, consistent en ornières de fer dans lesquelles entrent les roues de diligences et de chariots traînés par des machines à vapeur. On voyage sur ces chemins avec une grande rapidité, puisqu'on peut parcourir de douze à quatorze lieues par heure. On espère encore pouvoir augmenter sans danger cette vitesse.

On joint les deux rives d'un fleuve, d'une rivière, d'un lac, et quelquefois même les deux chaînes de montagnes qui limitent une vallée, au moyens de ponts. La plupart des ponts se bâtissent en pierre; cependant il y en a dont les voutes sont en fer, comme on le voit au pont d'Austerlitz, au pont des arts et au pont du Carrousel à Paris. Aujourd'hui on élève des ponts suspendus, ils n'ont souvent qu'une arche dont le plancher est soutenu par des chaînes de fer ou par d'énormes câbles de fils de fer scellés dans des massifs de maçonnerie : ces ponts réunissent l'élégance à la solidité et à l'économie. Paris possède en ce genre le pont Louis-Philippe, ceux d'Arcole, des Invalides et de Charenton.

XCVI^e LECTURE.

PHILIPPE V, HISTOIRE.

Sous le règne de Philippe V, dit le Long, fils de Philippe le Bel; on parlait beaucoup de croisades;

il était fortement question, à la cour de France, de faire ce que philippe 1er, Philippe-Auguste, Louis IX n'avaient pu faire dans leur temps, c'est-à-dire de chasser les Turcs de la Palestine et de rétablir le christianisme dans les lieux où Jésus-Christ le scella de son sang,

Les princes Musulmans, ayant entendu parler de ce projet, en furent éfrayés, et pour en empêcher l'exécution, ils eurent recours au plus infâme moyen. Sachant que les Juifs de France, souvent chassés et toujours persécutés, nourrissaient contre la nation, une haîne secrète et implacable, ils leur persuadèrent d'empoisonner tous les puits et toutes les fontaines du royaume. A cette époque, une terrible maladie, la lèpre, régnait parmi le peuple. Le nombre des lépreux était considérable, et il existait alors en France plus de deux mille établissements, connus sous le nom de léproseries. Les Juifs, qui étaient surveillés de près, craignant d'être découverts, confièrent aux lépreux, l'exécution de cet infernal projet. Gagnés à force d'argent, ces misérables, que les léproseries étaient insuffisantes à contenir, et dont le plus grand nombre errait par tout le pays, émpoisonnèrent d'abord toutes les eaux de la Guienne et du Poitou, et il s'en suivit bientôt une mortalité effrayante. Enfin, on conçut des soupçons, on fit des recherches, et l'on fut bientôt sur les traces de cet affreux complot. On s'empara de ceux des lépreux qui étaient coupables; ils furent convaincus et brûlés vifs. Tous les autres furent comdamnés à une détention perpétuelle

La plus grande partie des Juifs reçut le même châtiment, et tous ceux qui échappèrent aux flammes furent bannis du royaume.

XCVIIe LECTURE.

LA CHASSE AUX LOUPS EN RUSSIE.

Voici comment se pratique cette chasse ingénieuse, l'hiver, bien entendu, époque où le défaut de nourriture rend les loups féroces.

On se met trois ou quatre chasseurs avec chacun un fusil à deux coups dans une troïka.

La troïka est une voiture quelconque droski, kiblick, calèche ou tarentane, attelée de trois chevaux, son nom lui venant de son attelage et non de sa forme.

De ces trois chevaux, celui du milieu ne doit jamais marcher qu'au trot.

Ceux de droite et de gauche ne doivent jamais quitter le galop.

Celui du milieu trotte la tête basse et s'appelle le mangeur de neige.

Les deux autres, qui n'ont qu'une rêne, sont retenus par le milieu du corps au brancard, mais galoppent, la tête écartée, l'un à droite, l'autre à gauche : on les appelle les furieux.

L'attelage, ainsi emporté, offre, dans sa course, l'aspect d'un éventail.

Un cocher dont on est sûr, s'il est au monde un cocher dont on soit sûr, conduit la troïka.

A l'arrière de la voiture, avec une corde, ou une chaîne pour plus de sûreté, on attache un jeune cochon.

La corde ou la chaîne doit avoir une dizaine de mètres.

Le jeune cochon est douillettement conduit dans la voiture jusqu'à l'entrée de la forêt où l'on compte commencer la chasse.

Là, on le descend, et le cocher lâche les chevaux, qui partent, celui du milieu trottant, ceux des deux ailes galoppant.

Le jeune cochon, peu habitué à ces allures, pousse des plaintes qui dégénèrent bientôt en lamentations.

A ces lamentations, un premier loup montre son nez et se met à la poursuite du cochon ; puis deux loups, puis trois loups, puis dix loups, puis cinquante loups.

Tous se disputent le jeune cochon, se battent entre eux pour en approcher, lui allongeant l'un un coup de griffe, l'autre un coup de dent.

Des lamentations, le pauvre animal passe aux cris désespérés.

Ces cris vont éveiller les loups dans les profondeurs les plus reculées de la forêt.

Tout ce qu'il y a de loups à trois lieues à la ronde accourt et la troïka se trouve poursuivie par un troupeau de loups.

C'est alors qu'il est urgent d'avoir un bon cocher.

XCVIII[e] LECTURE.

SUITE DE LA CHASSE.

Les chevaux, qui ont pour les loups une horreur instinctive, deviennent insensés. Celui qui trotte voudrait galopper, ceux qui galoppent voudraient prendre le mors aux dents.

Pendant tout ce temps, les chasseurs tirent au hasard, il n'y a pas besoin de viser.

Le cochon crie, les chevaux hennissent, les loups hurlent, les fusils tonnent.

C'est un concert à rendre jaloux Méphistophélès au sabbat.

Attelage, chasseurs, cochon, troupeau de loups, ne sont plus qu'un tourbillon emporté par le vent, qui fait voler la neige tout autour de lui, et qui, pareil à une nuée d'orage glissant dans l'air, lance les éclairs et la foudre.

Tant que le cocher est maître de ses cheveaux, si emportés qu'ils soient, tout va bien.

Mais s'il cesse d'en être le maître, si l'attelage accroche, si la troïka verse, tout est fini.

Le lendemain, le surlendemain, huit jours après, on retrouve les débris de la voiture, les canons de fusil, les carcasses des chevaux, et les gros os des chasseurs et du cocher.

L'hiver dernier, le prince Reppine a fait une de ces

chasses, et peu s'en est fallu que ce ne fût la dernière qu'il fit.

Il se trouvait avec deux de ses amis dans un de ses biens qui confine à la steppe ; on résolut de chasser le loup, ou plutôt d'être chassés par les loups.

On prépara un large traîneau où trois personnes pouvaient se mouvoir à l'aise, on l'attela de trois vigoureux chevaux, que l'on confia à un cocher né dans le pays et plein d'expérience.

Chaque chasseur avait une paire de fusils doubles et cent cinquante coups à tirer.

Les places furent distribuées ainsi : le prince Reppine faisant face à l'arrière, chacun de ses amis faisant face à un côté.

On arriva dans la steppe, c'est-à-dire dans un désert immense couvert de neige.

C'était une chasse de nuit.

La lune dans son plein brillait du plus vif éclat, et ses rayons, réfractés par la neige, répandaient une clarté qui pouvait rivaliser avec celle du jour.

Le cochon fut lancé, le traîneau partit.

En se sentant entraîné malgré lui, le cochon cria.

Quelques loups parurent, mais d'abord peu nombreux, craintifs, et se tenant à une grande distance.

Peu à peu leur nombre augmentait, ils se rapprochaient des chasseurs qui, pour commencer, n'imprimaient à leur troïka qu'un mouvement ordinaire, malgré l'impatience craintive des chevaux.

Ils étaient vingt à peu près lorsqu'ils se trouvèrent assez rapprochés pour que le massacre commençât.

Un coup de fusil part, un loup tombe.

Un grand trouble se mit dans la bande, et il sembla qu'elle était diminuée de moitié.

XCIX^{e} LECTURE.

SUITE DE LA CHASSE.

Et contrairement au proverbe qui dit que les loups ne se mangent pas, sept ou huit affamés étaient restés en arrière pour dévorer le mort.

Mais bientôt les vides furent comblés. De tous côtés on entendait des hurlements répondant aux hurlements ; de tous côtés on voyait poindre des nez pointus et étinceler des yeux pareils à des escarboucles.

Les loups étaient à portée, et les chasseurs faisaient un feu roulant.

Mais, quoique tous les coups portassent, au lieu de diminuer, la bande allait toujours s'augmentant ; bientôt ce ne fut plus une bande, ce fut un troupeau dont les rangs pressés suivirent les chasseurs.

Leur course était si rapide, qu'ils semblaient voler sur la neige ; si légère, qu'elle ne soulevait pas le moindre bruit , leur flot, pareil à une marée muette, se rapprochait sans cesse et ne reculait pas devant le feu des trois chasseurs si bien nourri qu'il fût.

Ils formaient, à l'arrière de la troïka, un immense croissant, dont les deux cornes commençaient à dépasser la hauteur des chevaux.

Leur nombre s'augmentait avec une telle rapidité qu'on eût dit qu'ils sortaient de dessous terre.

Il y avait quelque chose de fantastique dans leur apparition : on ne pouvait en effet se rendre compte de la présence de deux ou trois mille loups dans un désert où, à peine dans toute une journée, on en découvrait deux ou trois.

On avait cessé de faire crier le cochon, et on l'avait réintégré dans le traîneau : ses cris redoublaient leur audace.

Le feu ne cessait pas, mais on avait déjà usé plus de la moitié des munitions. Peut-être restait-il deux cents coups à tirer, et l'on était entouré par deux ou trois mille loups.

C^e LECTURE.

SUITE ET FIN DE LA CHASSE.

Les deux cornes du croissant avançaient de plus en plus et menaçaient de se refermer en faisant un cercle dont le traîneau, les chevaux et les chasseurs deviendraient le centre.

Si l'un des chevaux venait à s'abattre, tout était fini, et les chevaux effarés soufflaient le feu et bondissaient en écarts terribles.

— Que pense-tu de cela, Ivan ? demanda le prince à son cocher.

—Je pense qu'il ne fait pas bon, ici, mon prince.

—Crains-tu quelque chose ?

— Les démons ont goûté du sang, et plus vous continuerez de tirer, plus leur nombre augmentera.

— Quel est ton avis ?

— Si vous permettez, mon prince, je vais lâcher la bride à mes chevaux ?

—Es-tu sûr deux ?

—J'en réponds.

— Et de nous, en réponds-tu !

Le cocher ne répondit pas ; il était évident qu'il ne voulait pas s'engager.

Il lâche la bride à ses chevaux dans la direction du château.

Ces nobles bêtes, que l'on croyait lancées à fond de train, aiguillonnées par la terreur, redoublèrent de vitesse. L'espace était littéralement dévoré sous leurs élans désespérés.

Le cocher les excitait encore par un sifflement aigu, en meme temps qu'ils décrivaient une courbe qui devait couper un des coins de la corne.

Les loups s'écartèrent pour laisser passer les chevaux, les chasseurs allaient mettre en joue.

— Sur votre vie, leur dit le cocher, ne tirez plus !

On obéit à Ivan

Les loups, étonnés de cette manœuvre inattendue, demeurèrent un instant indécis.

Pendant cet instant la troïka fit une verste.

Quand les loups se remirent à sa poursuite il était trop tard : ils ne purent la rejoindre.

Un quart d'heure après on était en vue du château. Le prince estimait que, pendant ce quart d'heure, les chevaux avaient fait plus de deux lieues.

Le lendemain il visita à cheval le champ de bataille : on trouva les ossements de plus de deux cents loups.

FIN.

TABLE DES MATIÈRES.

MAISON DEFOSSE-MUTEL A AUTUN.

MÉTHODE GRADUÉE DE LECTURE à l'usage des écoles élémentaires. Cet ouvrage est imprimé en gros caractères et sur beau papier; il forme deux parties. La première cartonnée . » 25

La deuxième partie, contient des petites fables et les prières qui se disent avant et après les classes. Prix cartonné . . . . . » 30

Les deux parties réunies en un vol. cart. » 50

TABLEAUX pour la méthode graduée . 2 »

MÉTHODE DE LECTURE par M. A. Peigné » 50

MÉTHODE latine de Royer . . . . » 30

MÉTHODES de Royer, Larousse, Mary, etc, etc.

LIVRES DE LECTURE

GÉOGRAPHIE du jeune âge, contenant les connaissances les plus importantes de la géographie, et principalement les départements de Saône-et-Loire, de la Nièvre, de l'Allier et de la Côte-d'Or, recommandée par M. l'inspecteur primaire édition sur beau papier et avec carte, » 50

ÉVANGILES, HISTOIRE SAINTE et PSAUTIER, ch. » 60

PSAUTIER précédé de la méthode latine » 75

HIST. DE FRANCE, St-Ouen et Ansart; chacune 75

GRAMMAIRE de Maugars, avec questionnaires et exercices . . . . » 60

id. de Larousse, Noël et Chapsal, Académie etc.

COURS DE LECTURES MORALES, approuvé par Monseigneur l'archevêque de Paris 1,25

HIST. de la religion, doctrines, hist. de l'Église et la bible, ch. . . . . . . 1 »

LETTRES de Mme de Sévigné pour la jeunesse 1,25

MORALE pratique et la patrie par Barrau, ch. 1 50

LECTURES sur les sciences, et sur les grandes inventions, ch. 1,50

MANUSCRITS Delapalme, id. sur la politesse id. Hachette . . » 20 c. 1,25 1.50

Autun, Impr. Duployer.

www.ingramcontent.com/pod-product-compliance
Ingram Content Group UK Ltd.
Pitfield, Milton Keynes, MK11 3LW, UK
UKHW020334230726
13925UKWH00002B/787

9 782019 190668